経営理念の考え方・つくり方

Hitoshi Sakaue
坂上仁志

Mission
Vision
Credo
Guideline
Slogan
Way
Value

日本実業出版社

はじめに

「経営理念はなぜ必要なのか?」
「ブレない経営理念はどうつくるのか?」
「経営理念を浸透させるにはどうしたらいいのか?」

本書はそう思ったことがある人のために書きました。たとえば、

- 売上が10億円規模の中小企業の社長（創業者、二代目、後継者）
- 大企業に勤めていて、経営理念の重要性を再認識したリーダー
- これから起業しようとする人

そして、「経営理念って必要なんだよね、でもよくわからない……」と思っているあなたのためです。

この本を読めば、次のような結果が得られます。

①経営理念とは何かがわかる
②経営理念と人生を深く考えるきっかけになる
③経営理念をつくり、社内に浸透させられる

つまり、経営理念を**理解**し、**つくり**、**浸透**させることを目的に、この本を書きました。

私は弱者が強者に勝つ最強ルールであるランチェスター戦略の専門家として、3000社以上の会社を見てきました。
そして、その戦略を中心に、起業する人、売上10億円の中小企業、そして売上3000億円の大企業まで、コンサルティングや研修をさせていただきました。
しかし、やればやるほど気づくのです。

「あれ、戦略だけではうまくいかない……」

なぜそうなるのか？
その答えが「経営理念」にあるのです。
経営とは人が人を相手にして行なうものです。理屈では合っていても、結果としてうまくいかない場合が多いものです。そこに多くの経営者の悩みがあります。

「売上が上がらないのは戦略がないから」
「社員がまとまらないのは理念がないから」

つまり、経営を良くしていくには「戦略と理念」の両方が必要になるのです。

「経営とは人を幸せにし、社会に貢献するためのものである」
「お金だけを目当てにして成功することはない」
「人は与えることによって幸せになれる」

いい仕事をしている人は例外なく、こういった強い信念や深い哲学を持っています。
そしてあなたにも、そういった良き思いを持っていただきたいと思います。
そのためのたくさんのヒントを、この本の中に書きました。
それでは、いまから経営理念を１つひとつ紐解いていきましょう。

2015年2月

坂上　仁志

はじめに

第 1 部
経営理念を理解しよう

第 1 章 経営理念に関する誤解

- 01 何のために経営理念について知りたいのか？ ……………… 8
- 02 売上を上げるために経営理念はあるのか？ ………………… 10
- 03 経営理念は分解することで意味が見えてくる ……………… 12
- 04 経営理念と社是、社訓は違うものなのか？ ………………… 17

第 2 章 そもそも経営の目的とは？

- 01 経営の目的とはいったい何なのか？ ………………………… 24
- 02 経営の目的を変えるとどうなるのか？ ……………………… 28
- 03 何のために経営をしているのか問い直そう ………………… 33
- 04 経営の目的は、社員を幸せにし、社会に貢献するため …… 35
- 05 経営の目的と手段を間違えない ……………………………… 38

第 3 章 経営理念とは何か？

- 01 経営理念とは、より強くより広い「思い」 ………………… 42
- 02 経営観・人間観・社会観の3つの側面が必要 ……………… 47

| 03 | 経営理念は「なぜ？」に答えるためにある ………………… 53
| 04 | 経営理念とはミッション、ビジョン、バリューか？ ………… 57
| 05 | 経営理念は何のためにあるのか？ ……………………… 63
| 06 | 経営理念を「数字」に落とし込む ………………………… 69

第 2 部 さあ経営理念を決めよう

第4章 経営理念はどうやって考えたらいいのか？

| 01 | 経営理念を考えるために知っておきたいこと ……………… 76
| 02 | 経営理念を考えるヒント①
　　　自分自身を知る ………………………………………… 80
| 03 | 経営理念を考えるヒント②
　　　自分の名前を知る ……………………………………… 83
| 04 | 経営理念を考えるヒント③
　　　生まれ育ちを知る ……………………………………… 87
| 05 | 経営理念を考えるヒント④
　　　影響を受けた人や出来事を知る ……………………… 93
| 06 | 経営理念を考えるヒント⑤
　　　未来（将来像）を知る ………………………………… 97

07	経営理念を考えるヒント⑥	
	自分の役割を知る………………………………………………	99
08	経営理念は誰が考えるものか？………………………………	104

第5章 経営理念を深化させる

01	経営理念を実際につくってみよう………………………………	112
02	経営理念は変えないもの？ 変えてもいいもの？………………	119
03	経営理念づくりは「5W2H」で考えるといい…………………	123
04	経営理念づくりは「紙1枚」から始める………………………	132
05	経営理念づくりの手順と作成フォーマット……………………	137
06	経営理念はつくるともっと良くしたくなるもの………………	146
07	経営理念をつくることこそが社長の仕事………………………	154

第6章 経営理念を実践し、浸透させる

01	経営者とは「経営理念そのもの」である………………………	158
02	行動が理念になり、理念が行動になる…………………………	160
03	経営理念を浸透させるために必要な行動とは？………………	164
04	黙っていては伝わらない！ 社長は経営理念の語り部たること……	167
05	経営理念を浸透させることは外国語の習得と同じ……………	170
06	経営理念の浸透に欠かせない3つの視点………………………	173
07	経営理念をどうやって伝え続けていくのか？…………………	178
08	経営理念の浸透を質と量で考える………………………………	180
09	経営理念が浸透するとは「社風になる」ということ…………	185

第7章 経営理念はこうして生まれた（12社の事例）

01 ただ単に社訓を唱和させても結局1つも身にならない……………… 192
【ねぎしフードサービス株式会社】

02 経営理念は絵空事では意味がない！　業績改善が必要……………… 196
【A社（仮名）】

03 1泊2日の合宿で一言一句、皆で議論して経営理念を決めた……… 199
【株式会社ネクスト】

04 164人中56人が辞めて気づいた「誰とやるか」の重要性………… 203
【ユメ(ノ)ソラホールディングス株式会社】

05 貢献なくして利益なし、利益なくして継続なし、継続なくして貢献なし…… 207
【eBASE株式会社】

06 自分の持つ価値観を言語化したものが経営理念になった ………… 210
【株式会社フォーデジット】

07 お客様と社員が一緒に「夢と感動」に向かっていきたい…………… 213
【DIグループ】

08 「何のために生きるのか？」の答えが「成長と貢献」………………… 216
【gCストーリー株式会社】

09 創業初期からの思いは「より多くの人を幸せにしたい」…………… 219
【株式会社オロ】

10 何のために仕事をするのか、会社の大きな目的を知る……………… 222
【株式会社ランドネット】

11 創業時には経営理念の必要性を感じなかったが…… ……………… 225
【株式会社トレジャーファクトリー】

12 経営理念と4つのスタイルで10期連続増収増益 …………………… 227
【ティーペック株式会社】

装丁　竹内雄二
本文デザイン・DTP　初見弘一

第1部

経営理念を理解しよう

第1章

経営理念に関する誤解

01 何のために経営理念について知りたいのか？

あなたが経営理念を知りたい理由は何でしょうか？ その理由をはっきりさせることから始めましょう。

なんとなく、経営理念について知りたいあなたへ

まず、初めにあなたにお聞きしたいことがあります。

Q 何のために経営理念について知りたいのですか？

①なんとなく、経営理念について知りたいから
②経営理念をつくろうと思っているから
③経営理念をつくると業績が良くなると思うから

　もし、この３つの中から選ぶとしたらどれになるでしょうか？ 多くの人に聞いてみると、①なんとなく、経営理念について知りたいからという回答がある程度の数にのぼります。
　しかし、もう少し深く考えると、この「なんとなく知りたい」という理由があるはずです。つまり、「知りたい理由の理由」です。
　「えっ、よくわからないことを聞くな……」と思われるかもしれませんが、大切なことなので一番初めにお聞きしています。
　「なんとなく、経営理念について知りたいから」と答えたということは、経営理念についてうっすらと興味があるはずです。その理由が②経営理念をつくろうと思っているからかもしれないですし、③経営理念をつくると業績が良くなると思うからかもしれません。
　このように、経営理念について考えるときには自分自身の考えをはっきりさせることが大切になります。それは別の言葉でいうと、「**自分自**

身に問う」ということでもあります。自分自身の深い部分にあるものを見つけにいくということかもしれません。

たとえば、水中深くずっと潜(もぐ)っていくような感覚とでもいうのでしょうか。自分自身の中にある「動機」を見つけることでもあります。それは「理由の理由」といってもいいかもしれません。

「何のために」と問うことが大切

「何のために経営理念を知りたいのか？」
「何のために経営をしているのか？」
「何のために働いているのか？」

経営理念を考えていくと、こういった事柄に突き当たります。ここを避けて通れなくなるのです。ということは結局、他人が決めることでもなければ、これが絶対に正しくて、これが絶対に間違っているというものでもないのです。そして、最後は自分自身で決めなければならないものなのです。

「ちょっと人に聞いて、簡単に答えを出す」というものではありません。受験勉強のように正解が決まっていて、それを覚えさえすればいいというものではないのです。

絶対の答えがない世界で、自分で自分の答えを見つける世界です。どこか人生に似ています。

したがって、本書の中では答えに近づくヒントをお伝えすることはできますが、「絶対にこれが100％正しい！」という経営理念についての回答は期待しないでください。あなた自身で答えを出さなければならないところが、たくさん出てくるのです。

そのときのヒントは**「何のために」**です。つまり、その目的であり、動機に気をつけることです。「理由の理由」を探すことです。このことを、ぜひ忘れないでください。

02 売上を上げるために経営理念はあるのか?

経営理念があれば業績が上がるというのは本当でしょうか?
なぜ、そう思われるようになったのか、見ていきましょう。

「業績が良くなると思うから」は正しいか?

前節で、②経営理念をつくろうと思っているからと答えた人の中には、その動機が、③経営理念をつくると業績が良くなると思うからという人がいるはずです。

私が主催した経営理念セミナーに来た人の中で、積極的な経営者に限って「売上を上げるために経営理念をつくろうと思っています」と言う人が多いのです。この考え方は間違ってはいないと思いますが、少し誤解があると思うので、そのことについて説明します。

しっかりした経営理念がある会社は業績が良い傾向があります。しかし、経営理念をつくったからといって必ず売上がアップするわけではないのです。

経営理念がある(A)と、業績が良い(B)傾向にあるが、
経営理念がある(A)会社がすべて、業績が良い(B)わけではない。

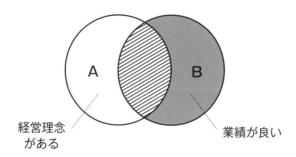

ですから、**経営理念がある（A）**状態をつくるだけで、業績がアップすることを期待しすぎないほうがいいのです。

「な〜んだ、経営理念をつくっても業績が上がらないんじゃあ、この本を読むのはもうやめよう」と思ったあなた。それだとちょっと気が早すぎるので、もう少しおつき合いください。

経営理念と業績の関係

まず、「経営理念」という言葉についてしっかりとした考え方、定義を持つ必要がありますが、その前に1つお伝えしたいことがあります。**「経営理念と業績に関係があるのか？」**と多くの人は疑問に思うでしょう。答えはYES、関係があるのです。

『収益結晶化理論』（宮田矢八郎著、ダイヤモンド社）によると、会社の売上高と経営理念のある比率は正比例の関係にあります。

・売上〜2.5億円 ＝「理念がある」が47％
・売上〜10億円 ＝「理念がある」が57％
・売上〜30億円 ＝「理念がある」が70％
・売上30億円以上 ＝「理念がある」が76％

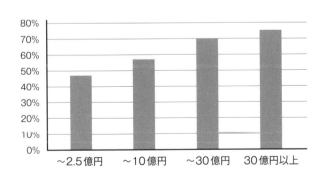

また、利益と経営理念の関係もほぼ同じような正比例の関係になります。つまり、経営理念と業績は正比例するといえるのです。

03 経営理念は分解することで意味が見えてくる

そもそも経営理念とはどういう意味なのでしょうか？ 経営理念を英語で表現して確認してみましょう。

経営理念の意味

Q 経営理念とはどういう意味ですか？

　この質問を少し考えてみてください。「経営理念」という言葉は多くの人が使っているにもかかわらず、曖昧で、人それぞれ解釈が違っているようです。

　そこで、お互いに違った意味で使わないようにするために、経営理念という言葉を定義しておきたいと思います。

　「経営理念」を辞書で引くと、こう書いてあります。

　「**組織の存在意義や使命を、普遍的な形で表わした基本的価値観の表明**」

　また、「理念」という言葉を辞書で引くと、「**ある物事についての、こうあるべきだという根本の考え**」とあります。

　さらに、「理念」を分解すると「理」と「念」になります。「理」とは「物事の筋道、道理」、「念」とは「思う、心中深くかみしめる、かねての望み、念願」です。

　つまり、経営理念とは、「**経営をするうえでの基本的価値観の表明、根本の考え**」といえます。

　しかし、そう言われても、わかったような、わからないような感じが

してしまうものです。そこで、別の角度から経営理念を見てみましょう。

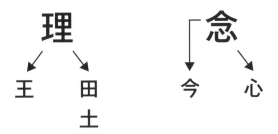

「里」の漢字の成り立ちは、「田＋土」からなり、筋目をつけた土地。理は「王（玉）＋里」で、宝石の表面にすけて見える筋目。
「念」の漢字の成り立ちは、「心＋今」（今は中にいれて含むの意）で心中深く含んで考えること。
つまり、「理念」という言葉は、「筋の通った強い思い」といえる。

経営理念を英語で言うと？

Q 経営理念を英語で言うと、何という言葉になるでしょうか？

普段はあまり考えたこともないと思います。そこで、英語で経営理念はどう表現されているかを調べると、こう書いてあります。

経営理念 = management principle ; management philosophy
Management = 経営
Principle（プリンシプル）= 原理、原則、主義、根本方針
Philosophy（フィロソフィ）= 哲学、人生観

つまり、次のように理解できます。

> 経営理念 ＝ management principle ＝ 経営の原理原則、主義、根本方針
> 経営理念 ＝ management philosophy ＝ 経営哲学、経営観

以上をまとめると、こう書いたほうがわかりやすい気がします。

> 経営理念とは、「経営の原理原則」「経営哲学」「経営観」である。

「原理原則」を辞書で引くと、「**原理も原則も、基本的な決まり・規則の意。重ねることでその意味を強調した言葉**」とあります。「原理」とは、「基本法則、根本の決まり、道理」。「原則」とは、「多くの場合に共通に適用される基本的な決まり、法則」です。

「哲学」を辞書で引くと、「**各人の経験に基づく人生観や世界観**」「philosophyの訳語。ギリシャ語のphilosophiaに由来し、『sophia（智）をphilein（愛する）』という意。西周（にしあまね）が賢哲を愛し、希求する意味で『希哲学』の訳語を造語したが、のちに『哲学』に改めた」とあります。

「哲学」という言葉はもともと日本語になく、philosophyという英語を明治時代、啓蒙家・西周が訳したものなのです。したがって、「哲学」を「哲」と「学」に分けて漢字の意味で考えるのではなく、もともとの言葉philosophyが意味する人生観や世界観というものの見方（観）であると理解するのがしっくりくる感じです。

■ 言葉の定義はなぜ大切か？

言葉の定義は大切です。なぜなら、同じ言葉を話していても人によって解釈の仕方が異なるからです。

つまり、社長が自分の「哲学」を「経営理念」として話しても、聞くほうはただの「お話」と思っているかもしれません。また、「経営理念」として話すその言葉にも受け取る側の解釈の違いが必ず起こります。

> **Q** 以下の言葉の意味はどちらが正しいと思いますか？
>
> (1)「彼はおもむろにタバコを取り出した」
>   ①彼は突然タバコを取り出した
>   ②彼はゆっくりとタバコを取り出した
>
> (2)「彼には役不足の仕事だ」
>   ①彼の力量に対して役目が重すぎる仕事だ
>   ②彼の力量に対して役目が軽すぎる仕事だ
>
> (3)「このファイルなおしておいて」
>   ①このファイルを修理しておいて
>   ②このファイルを元の場所に戻しておいて

(1)「彼はおもむろにタバコを取り出した」

①と答えた人は間違いです。**②彼はゆっくりとタバコを取り出した**が正解です。

「おもむろに」という言葉は、「突然」という意味で使っている人が多いようですが、漢字では「徐に」と書くので、本来の意味は「ゆっくりと」となります。徐行運転の「徐」です。

(2)「彼には役不足の仕事だ」

これは、**②彼の力量に対して役目が軽すぎる仕事だ**という意味です。しかし、多くの人は①の意味で使っています。

「なるほどな」と言う人もいれば、「違うよ」と言う人もいると思います。ここが大きなポイントなのです。

つまり、1つの言葉に対して人はそれぞれ思い込みを持っています。「違うよ」と思ってしまうと自己正当化が始まります。それが問題となります。素直な心で、一度、自分自身の解釈を振り返ってみてください。

(3)「このファイルなおしておいて」

　私の感覚だと、①このファイルを修理しておいてとなります。しかし、私が新卒で入社した新日本製鐵で最初に配属された部署の北九州市では、②このファイルを元の場所に戻しておいてという意味で使われました。

　埼玉県で生まれ育った私は、社会人になって初めて関東を出て、九州で仕事を始めました。もう、20年以上も前の話です。そのときのカルチャーショックの1つが言葉の違いだったのです。

　「博多へは"きしゃ"に乗っていくんよ」と言われ、「えっ、まだ汽車が走っているのか？」と思ったものです。しかし、意味は違いました。その地域では、路面電車を"電車"と呼び、JRの電車を"汽車"と呼んだのです（残念ながら、この思い出の路面電車はもう走っていないようです）。

　「なおしておく」や「きしゃ」という言葉はどちらが正しいと議論するものではありません。ここで強調したいのは、**同じ言葉でも人によって解釈が違う**ということなのです。同じ言葉でも、年齢や地域によって意味が違いますし、個人によっても解釈の仕方が違ってくるわけです。だからこそ、一度、言葉をキチンと定義して、「この言葉はこういう意味だ」という共通認識を持つ必要があるのです。

　それはちょうど、外国の人と話すのに似ています。**同じ日本人ではあっても、その人を外国人だと思って、言葉を伝える必要がある**と思えばいいのです。

　日本人の良さの1つに、「以心伝心」があります。「何も言わなくても伝わる。言葉にしなくてもそのくらいわかるだろう」という暗黙の了解を良しとする文化です。

　しかし、経営理念という概念、考え方を言葉で伝えようとするのですから、より正確に相手に伝わるように言葉を使い、共通の認識を持つことが大切なのです。

04 経営理念と社是、社訓は違うものなのか？

社是、社訓、クレド、モットーは同じものでしょうか？ 違うものでしょうか？ それぞれの言葉の意味をはっきりさせましょう。

社是と社訓の意味の違い

Q 社是と社訓はどう違うのでしょうか？

この質問に答えられるだけでも経営理念について詳しい人だと思います。他にも、「経営理念と信条は何が違うのですか？」「クレドとウェイはどっちが強い意味なのでしょう？」など、さまざまな疑問があると思うので、ここでも言葉の定義をきちんとしておきましょう。

社是	＝会社が是（正しい）とするもの
社訓	＝会社で守るべき教え（訓は教えの意）、会社の教訓
信条	＝信ずる道理（条は筋の意味）
モットー	＝（イタリア語）方針、信条、スローガン
スローガン	＝（英語）理念や目的を、簡潔に言い表わした覚えやすい句
クレド	＝（ラテン語）「志」「信条」「約束」を意味する言葉
ウェイ	＝（英語）道、やり方、方向性、価値観
行動指針	＝どのように行動するかの基本となる方針
ミッション	＝使命、重要な任務、命を捧げる覚悟があるもの、ブレないもの
ビジョン	＝将来の構想、展望、自社が目指す姿
バリュー	＝価値観、価値基準、判断基準

「社是と社訓は同じ」と言う人もいますが、より正確に考えると、社是と社訓は違うものなのです。次の実例で具体的な違いを見てみましょう。

■ 三菱重工業「社是」

一、顧客第一の信念に徹し、社業を通じて社会の進歩に貢献する。
一、誠実を旨とし、和を重んじて公私の別を明らかにする。
一、世界的視野に立ち、経営の革新と技術の開発に努める。

■ ヤマトホールディングス「社訓」

一、ヤマトは我なり
一、運送行為は委託者の意志の延長と知るべし
一、思想を堅実に礼節を重んずべし

　三菱重工業の場合は「社是」ですから、会社が是(正しい)とするものです。ここには3つの是があります。3つの文章を要約すると、貢献することが是、和を重んじることが是、技術の開発に努めることが是、つまりそれが会社として正しいことといっています。
　ヤマトホールディングスの場合は「社訓」ですから、会社で守るべき教え、教訓となります。3つの文章は「こうするべし」という教えとなっています。とくに1つ目(ヤマトは我なり)は、「自分自身＝ヤマトという意識を持ちなさい」という思いであり、教えです。この教えが社訓となります。
　したがって、三菱重工業の社是を「社訓」に変えたり、ヤマトホールディングスの社訓を「社是」にしたりすると、それぞれ3つの文章が少しおかしい感じがすることに気づくと思います。たとえば、三菱重工業の社是の3つ目(世界的視野に立ち、経営の革新と技術の開発に努める)は、社是(＝会社が是とするもの)であっても社訓(＝会社で守るべき教え)ではないということです。

信条、モットー、スローガンなどの意味の違い

このような少し繊細な言葉の使い分けを始めると、次のような疑問が出てくるかと思います。

「では、信条とモットーの使い方はどう違うのか？」
「スローガンとクレドとウェイをどう使い分けるのか？」
「ヤマトホールディングスの社訓はクレドと言えないのか？」

こういった言葉の違いを厳密に理解していくのは後でいいと思います。売上が1000億円くらいあって、数千万円の予算を使って経営理念をつくる場合は、こういった議論をしてもいいでしょう。しかし、売上10億円クラスの中堅・中小企業で経営理念をつくる場合は、あまり気にしすぎないことです。

こういった言葉の違いについては「知っている。でも、あまりナーバスにならない」というスタンスがいいと思います。

●信条、クレドの例

ジョンソン・エンド・ジョンソンの我が信条（クレド）の最初には、「我々の第一の責任は、我々の製品およびサービスを使用してくれる医師、看護師、患者、そして母親、父親をはじめとする、すべての顧客に対するものであると確信する」とあります。つまり、「『我々の責任はこういう人たちに対するものだと確信する』と信じている、それが道理である」と言っているのです。これが信条です。

●モットーの例

モットー（イタリア語）は、方針、信条、スローガンという意味です。
カシオ計算機の経営モットーは「創造　貢献」です。それまでにない斬新な働きを持った製品を提供することで、社会貢献を実現するという意味です。

> **ザ・リッツ・カールトン「モットー」**
>
> 紳士淑女をおもてなしする私たちもまた紳士淑女です。

● スローガンの例

　スローガン（英語）は、理念や目的を、簡潔に言い表わした覚えやすい句です。

　カルピスの企業スローガン「カラダにピース　CALPIS」は、企業理念をわかりやすくシンプルに表現しています。"カラダ"に良いものがもたらす健康と、穏やかに心安らぐ情緒的な健康、"ピース"の双方を視野に入れた、「『健康価値創造企業』を目指して成長を続けていく」という願いを込めています。

> **クオール（調剤薬局経営）「スローガン」**
>
> あなたの、いちばん近くにある安心。

● ウェイの例

　ウェイ（英語）は、道、やり方、方向性、価値観です。

　「花王ウェイ」は、花王グループの企業活動のよりどころとなる企業理念（Corporate Philosophy）です。これは①使命、②ビジョン、③基本となる価値観、④行動原則の4つで構成されています。

　「『花王ウェイ』は企業理念です」と言い切っています。つまり、「ウェイ」＝「企業理念」と定義しています。使命、ビジョン、基本となる価値観、行動原則を総称して「ウェイ」と呼んでいます。

　なお、「ウェイ」を「○○流」「○○方式」「○○イズム」という言い方をする企業もあります。

● 行動指針の例

　行動指針は、どのように行動するかの基本となる方針です。

ローソン「行動指針」

　私たちローソンは、企業理念の具現化に向けて、どのような環境の変化があろうとも、共通の価値基準を持って行動してまいります。その変わらぬ価値基準を、自らの行動への問いかけと言う形で、行動指針として定めました。
　そこに、みんなを思いやる気持ちはありますか。
　そこに、今までにない発想や行動へのチャレンジはありますか。
　そこに、何としても目標を達成するこだわりはありますか。

ベネッセホールディングス「行動指針」

　ベネッセグループは人を軸とし、グローバルに活動する企業グループです。
　私たちは、一人ひとりの行動そのものが「Benesse＝よく生きる」の実現に繋がること、企業人である前によき市民・よき社会人であるべきことを自覚し、この行動指針に則って行動します。

●ミッションの例

　ミッションは、使命、重要な任務、命を捧げる覚悟があるもの、ブレないものです。

Google「ミッション」（使命）

　Google's mission is to organize the world's information and make it universally accessible and useful.
（Googleのミッションは、世界中の情報を体系化し、アクセス可能で有益なものにすること）

●ビジョンの例

ビジョンは、将来の構想、展望、自社が目指す姿です。

ANAホールディングス「ビジョン」

> ANAグループはお客様満足と価値創造で世界のリーディングエアライングループを目指します。

ANAグループの経営理念体系は、①経営理念、②ビジョン、③行動指針（ANA's Way）の3層で成り立っています。ビジョンは「こういう姿を目指します」という宣言でもあり、意志を感じさせ、非常にわかりやすくていいものです。

●バリューの例

バリューは、価値観、価値基準、判断基準です。

三井住友海上火災保険「バリュー」

> CUSTOMER FOCUSED（カスタマー・フォーカス）「お客さま第一」
> INTEGRITY（インテグリティ）「誠実」
> TEAMWORK（チームワーク）「チームワーク」
> INNOVATION（イノベーション）「革新」
> PROFESSIONALISM（プロフェッショナリズム）「プロフェッショナリズム」

ソニー生命保険「バリュー」

> ライフプランナーバリュー　4つの約束
> 計画、共創、社会、プロフェッショナル

第 1 部

経営理念を理解しよう

第 2 章

そもそも経営の目的とは？

01 経営の目的とはいったい何なのか？

経営の目的とはただの金儲けなのでしょうか？　ここではまず、あなたの経営の目的をはっきりさせましょう。

経営の目的は「利益」ではない

Q あなたは何のために経営をしていますか？

　こう聞かれたら、何と答えるでしょうか？　この質問は重要です。経営理念を考えるうえで最も根本的で大切な部分となります。

　1分だけでもいいので、本を閉じ、目を閉じて自分なりに考えてみてください。

　経営者であれば、自分が経営をする目的、動機を考えるということです。経営者でない人は、「**何のために仕事をしているのか？**」と置き換えてもいいと思います。自分の部門を1つの会社と見立て、それを経営しているとしたら、それは何のためでしょうか？

　「経営の目的は利益を出すことだ！」と、ある上場企業の役員が大勢の社員に向かって大きな声で話をする会場に居合わせたことがあります。しかし、この発言は間違いです。

　たとえば、**P・F・ドラッカー**は『現代の経営』（ダイヤモンド社）の中でこう言います。

　「『事業体とは何か』を問われると、たいていの企業人は『利益を得るための組織』と答える。たいていの経済学者も同じように答える。しかし、この答えは、間違いであるだけではない。的外れである」

つまり、「経営の目的は利益を出すこと」と考えることは間違いなのです。さらに、的外れであるとドラッカーは述べています。

利益の役割は、①**業績悪化への備え**であり、②**将来投資の費用**であり、③**業績を見る指標**であるといいます。

「経営の目的は利益を出すこと」という考え方は、「働く目的はお金を稼ぐこと」「生きる目的は食べること」という考え方に似ています。たしかにこういう考え方があるかもしれませんが、もう少し違った見方をしてみましょう。

では、経営の目的とはいったい何なのか？

「『**全従業員の物心両面の幸福を追求すると同時に、人類、社会の進歩発展に貢献すること**』これ以外に、企業の目的はないと、私は思っています」（稲盛和夫／『心を高める、経営を伸ばす』PHP文庫より）

ドラッカーは学者であり、世界を代表する経営コンサルタントですが、実業をしたことがない人です。一方、**稲盛和夫氏**は世界でただ1人、1兆円を超える企業を2社つくり上げ、1兆円を超える企業1社を再生した実業家です。

稲盛氏のつくった**京セラ**の売上は1兆4474億円、**KDDI**は4兆3336億円、事実上倒産した**日本航空（JAL）**の会長に就任し、再建後、売上は1兆2000億円、利益は2000億円を超えて過去最高となりました（2014年3月現在）。

つまり、「世界最高の実績を上げた経営者」と言っていい稲盛氏が、経営（企業）の目的は「**全従業員の物心両面の幸福を追求すると同時に、人類、社会の進歩発展に貢献すること**」と述べているのです。この考え方で圧倒的な業績という結果が出ているのですから、反論のしようがないのです。

したがって一度、「『**全従業員の物心両面の幸福を追求すると同時に、人類、社会の進歩発展に貢献する**』これ以外に、**経営の目的はない**」とわれわれも思ってみることをおすすめします。

さらにドラッカーは、「**企業は顧客に貢献することで、社会にその存在意義が生まれる**」と述べています。

　「事業（ビジネス）の目的として有効な定義はただ一つである。それは、顧客を創造することである」（P・F・ドラッカー／『現代の経営』ダイヤモンド社より）

　ここで、稲盛氏とドラッカーの両方の思想を統合すると、「**ビジネス（商売・事業）の目的は顧客を創造することであり、会社を経営する目的は社員を幸せにし、社会に貢献することである**」といえます。

「何のために」と問うことが大切

　会社とは手段です。会社とは①**社員を幸せにし、**②**社会に貢献するための手段**なのです。
　会社とは**社長の理念＝考えを実現するための手段**です。経営理念を実現するための手段として会社があり、その会社を継続するための手段として利益が必要になるのです。

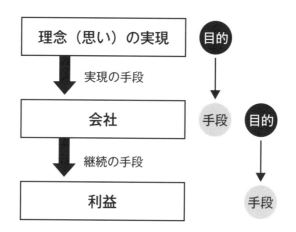

会社を経営する目的は①社員を幸せにし、②社会に貢献することです。そのための手段として利益が必要になります。また、経営理念の実現のために会社という手段が必要なのです。この関係をしっかり押さえておくことが重要です。

企業は社会の公器である

　「企業は社会の公器である」と、松下幸之助氏もドラッカーも述べています。

　つまり、企業とは社長の私物ではなく、公の器（うつわ）であるということです。企業は社会に存在させてもらっているものである。企業は単独で存在するものではない。顧客、取引先、地域があって初めて存在が可能なのです。

　企業の集合体が社会をつくり上げると考えれば、企業は社会の一部であり、公器といえます。したがって、自社の利益だけを追求するのではなく、社会に対しても貢献する責任が出てきます。

　昔、「経営理念が大切だ！」とことあるたびに力強く説くある経営者が、「私は取引をするときに絶対に損をしないようにしている」と話したときにちょっとがっかりしました。なぜなら、私がその経営者とつき合うと必ず「私が損をする」ことになるからです。そして、若くて未熟だった私はたしかにそうなりました。

　表面上はきれいなことを言っている経営者が、実際につき合ってみると、えげつない人だったということがあります。しかし、「企業は社会の公器である」ということを考えれば、自分だけ良ければいいという考え方を抑える必要もあるのです。

02 経営の目的を変えるとどうなるのか？

社長の経営の目的が変われば、社員が変わり、会社が変わり、すべてが変わり始めます。

経営の目的を変える勇気

　稲盛氏は創業3年目に、入社間もない社員による、給与やボーナスを保証してくれという反乱事件に出合います。「つくったばかりの会社でそんなことが約束できるはずがない」という稲盛氏と社員たちは3日3晩話し合ったといいます。会社経営をすれば、自分の家族への仕送りもままならないというのに、赤の他人の面倒を一生涯保証しなければならなくなる、という現実に経営者として直面したのです。

　「なんとバカらしい、こんなことなら会社をつくらなければよかった」と思ったそうです。なぜなら、京セラの創業の目的は「稲盛和夫の技術を世に問うため」だからでした。自分の技術を世に問うなら、サラリーマンをしてもできたわけです。しかし、会社をつくったがゆえに、社員の生活を守らなければならなくなったのです。

　そこで自分の技術者としての理想を捨て、「**考えを変えて**」、経営の目的を「**全従業員の物心両面の幸福を追求する**」とし、公器としての責任を果たすために「**人類、社会の進歩発展に貢献すること**」を加えたといいます。

　ここに**稲盛氏の"悟り"**を感じるのです。「経営の目的を変える勇気」を感じるのです。自分自身の考え方、経営理念を一段上に昇華させることで会社が大きく育つ土壌ができた瞬間なのかもしれません。

　経営の目的を考えることは大切です。なぜなら、それによって会社のあり方が大きく違ってくるからです。経営の目的を「自分の技術を世に問うため」から「全従業員の物心両面の幸福を追求する」に変えた瞬間

に、大きな変化が現われたといえます。

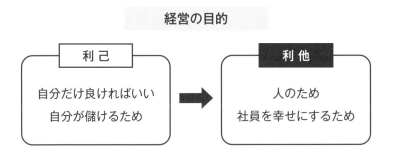

経営者の心が変わる、社員のモチベーションが変わる

経営の目的を考えると、2つの側面から大きな変化があるといえます。

①経営者の心が変わる
②社員のモチベーションが変わる

経営者の心が変わるとは、**経営者の心が「利己」から「利他」へ変わる**ということです。自分だけ良ければいいという「利己」の経営から、人のために良かれという「利他」の経営になるのです。

具体的には、経営の目的が「自分の技術を世に問うため」だと、あくまでも自分中心の考え方の「利己」です。自分のモチベーションは高く、いい製品がたくさんできたかもしれません。しかし、社員にしてみると「社長の財産を増やすために自分は働かされている」となり、モチベーションは上がりません。

この点が、**経営者と社員の決して埋まることのない溝**となるのです。経営者なら一度は経験したことがある思いではないでしょうか。

しかし、経営の目的を「全従業員の物心両面の幸福を追求する」にすると、全員の幸せのためという「利他」になります。言葉にすると「利

己」と「利他」という簡単な言葉の違いですが、現実は180度、まったく違ってきます。

　自分の財産を増やすために「働け！」といっても、言うほうに迫力がないのです。「利己」だからです。自分のためという「利己」だと、どこか後ろめたさが残るのです。

　そうすると、社員も、表面上は「はい！」と言いながら心の中では「また、社長が怒鳴ってる」としか思っていません。人がついてこないのです。社員は面従腹背です。

　一方、**「みんなが幸せになるためにがんばって働こう！」となると、言うほうの迫力が違います。**「みんながんばっているのに、なぜ君だけ働かない！」と言えるのです。もちろん、社長自身もがんばっていないとダメです。夜遊びばかりではいけません。「私もがんばっているのだから、君もがんばってくれ！」と強く言えるのは「利己」ではなく「利他」という思い、根本の「目的」があるからなのです。

　つまり、経営の目的を自分だけ良ければいいという「利己」から、人のためにという「利他」に変えることで、社長の考え方も変わらざるをえないのです。しかし、そのことによって社長に強さが出ます。社長の話に説得力が出るのです。

　そして、そのためには社長自身が「自分だけのため」という考え方を捨てて、「社員のため」という思いを持つことが大切です。ある意味、自分自身の我を捨てる「無私」の境地です。

　「自分自身の身を経営に捧げる、社員のために捧げる」という決意が必要になってきます。このことが、経営者にとって非常にむずかしいことなのです。

　そしてこの考え、経営理念ができ上がることで、社員のモチベーションが大きく上がります。社長の財産を増やすために仕事をしていると思って働くのと、みんなのために良い会社にしようと思って働くのとでは、働き方がまったく違ってきます。生産性が何割も違ってくると容易に想像できます。

　これが、**経営理念が会社の業績に大きな影響を与える理由の1つです。**

経営理念とは人の心を動かす大きな力を持っています。そして、こういったことによって会社が成長を遂げていくのです。

経営理念を変えれば、会社は大きく変わります。そして、経営の目的を変えるということが、最も大きく経営を変える第一歩となります。

「利他」とは何か？

経営理念を考えるうえで、この「利他」というキーワードは大切です。自分だけ良ければいいという「利己」ではなく、人のために役立つという「利他」です。

「『利他』の心とは、仏教でいう『他に善かれかし』という慈悲の心、キリスト教でいう愛のことです。もっとシンプルに表現するなら『世のため、人のために尽くす』ということ。人生を歩んでいくうえで、また私のような企業人であれば会社を経営していくうえで欠かすことのできないキーワードであると私は思っています」（稲盛和夫／『生き方』サンマーク出版より）

人に良かれと思い、「貢献」する、「利他」をすると、人に喜ばれ、感謝され、自らがうれしい。与えたのに与えられている状態です。人に良くしたことが自分にとってもいい状態。体が喜べば心も喜ぶという「心身相即」のような状態。コインの裏表のような一体化したものです。

「生き馬の目を抜くような競争社会において、『利他』などという甘いことを言っていられるか！」と思われるかもしれません。たしかにそのとおりなのです。私も「やられた」「損をした」と思ったことが何度もあります。

しかし、それでも「利他」の気持ちを持っていたいと思っています。人と人が行なう仕事の中で、自分だけ良ければいいという考え方ばかりでは、長く気持ちのいいつき合いをしていけないと思うからです。

「人を相手にせず、天を相手にせよ。天を相手にして、己を尽くし人を咎（とが）めず、我が誠の足らざるを尋（たず）ぬべし」（西郷隆盛）

　この言葉があるように、目の前の人との駆け引きばかりに目を向けず、天を相手にして人に良かれという利他の気持ちを持っていたいと思うのです。
　私の孫が誰かに会ったとき、「君のおじいさんには本当にお世話になった。感謝している」と言ってもらえる人生でありたいのです。「お前のじいさんには、ひどい目に遭わされた」と言われる人生でありたくないのです。この２つの人生は雲泥の差です。
　利他の思いや行動はその瞬間には答えが出ないかもしれません。しかし、ある時間が経てばわかることもあります。また、もし、人にわかってもらえなくても天が見ていると思いたいものです。

03 何のために経営をしているのか問い直そう

本当に、お金のためだけに経営をしているのでしょうか？
一度立ち止まって、自分に問いかけてみましょう。

経営の目的に気づく

第1章の冒頭で、皆さんにこう質問しました。

「何のために経営理念について知りたいのですか？」

同じように、経営の目的についてもお聞きしたいのです。

Q あなたは何のために経営をしているのですか？

この質問が、経営の目的を聞いていることになります。

●経営者のあなたへ

　稲盛和夫氏の経営の目的を、ただこの本で読んだだけでは自分のことになりません。経営者として、自分の会社を何のために経営しているのかをもう一度、問い直してみる必要があるのです。
　本で読んで「なるほど、そうだよな」と思ったことと、実際に自分がやっていることの間には、必ずギャップがあるものです。

●経営者でないあなたへ

　経営者でないのに「あなたは何のために経営をしているのですか？」と聞かれても困ると思います。そのときには、「あなたは何のために仕

事をしているのですか？」と言い換えて考えてみればいいと思います。

あなたが新入社員でなければ、自分の部門に同僚や後輩、部下がいることもあるでしょう。そう思えば、自分の部門は1つの会社とも考えられます。

松下幸之助氏が「社員稼業」という表現を使ったように、自分自身を1つの会社と考えて自分を社長と考えることもできます。また、自分の部門を1つの会社と考えて自分をその部門の社長と考えることも可能です。

したがってここからは、一社員として考えるのではなく、自分自身が1つの会社の社長だと思って読み進めてみてください。

あなたは「お金のため」に仕事をしているのか？

「何のために経営をしているのか？」と聞かれると、いくつか答えが分かれます。

①よくわからない
②お金のため
③この仕事がやりたいから
④社会貢献（利他）

もちろん、回答が重複していることもあるでしょう。

一般的に、一番多い答えは②**お金のため**です。お金を稼ぐために経営をするというとどこか後ろめたいことをしているように聞こえるところがありますが、決してすべて悪いわけではないと思います。

人にはやはりお金を稼ぎたい、いい暮らしをしたいという欲望があります。その欲望が原動力となって大きな仕事ができることも確かです。しかし、「お金のためだけに経営をしているのか？」と聞かれると、「そうでもない」のではないでしょうか。人の心には誰でも良心があり、お金のためだけに経営をしているとは言い切れないもの。とくに日本人はそうだと思います。

04 経営の目的は、社員を幸せにし、社会に貢献するため

経営の目的をはっきりと3つ答えられるようになることが、自分の軸がブレなくなる秘訣です。

経営の3つの目的

「経営の目的とは何なのか？」に対する答えをまとめると、こういえます。

①人間性の追求
②社会性の追求
③経済性の追求

前述したように、「『全従業員の物心両面の幸福を追求すると同時に、人類、社会の進歩発展に貢献する』これ以外に、企業の目的はない」と稲盛和夫氏は言います。

これはつまり、①**人間性の追求**（社員の幸せの追求）と、②**社会性の追求**（社会への貢献）といえます。そして、この2つの目的を達成するために必要な手段として、③**経済性の追求**が必要になるのです。

これをもう少しシンプルにいうと、経営の目的とは「社員を幸せにすること」と「社会に役立つこと」なのです。つまり、経営の一番の目的は「社員を幸せにすること」といえます。社員を幸せにすること以外に、経営の目的はないのです。

逆の言い方をすると、**「会社とは、社員（人）を幸せにするための手段である」**と言い換えることができます。

また、社員を幸せにすることが経営の目的であれば、社員が幸せでないなら、いっそ廃業すべきかもしれません。なぜなら、会社の本来の目

的から外れているからです。

　経営の一番の目的である「社員を幸せにすること」は「社会に役立つこと」で成り立ちます。経営を通じて社会に役立つことで、感謝され、お金がもらえます。そのことによって社員は幸せを感じられるのです。

社員を幸せにするために利益を出す

　ここで、「『全従業員の物心両面の幸福を追求すると同時に、人類、社会の進歩発展に貢献すること』これ以外に企業の目的はない」という言葉を分解して考えてみましょう。

　「物心両面の幸福」ということは「物と心の幸せ」です。まず、「物」の幸せがあります。これは「経済的豊かさ」と言い換えられます。つまり、③**経済性の追求**です。次に、「心」の幸せです。これは「この会社で働けて良かった」という満足感だと思います。それは、次のようなものです。

　「この会社で成長できた」
　「この会社の人たちと働けて良かった」
　「給与も少しは多くもらえた」
　「家が建てられた、子どもを学校に行かせることができた」
　「この会社を誇りに思う」

つまり、次のようなことの総和です。

　「仕事ができるようになった、人間的に成長したという成長感」
　「いい人たちと働けた、温かい人間関係が持てたという所属感」
　「家も持てて豊かな生活ができたという満足感」
　「子どもを学校に行かせることができたという達成感」
　「会社を誇りに思える満足感」

そして、それを実現するために③**経済性の追求**が必要になるのです。社員の生活を守るために、給与をきちんと払い続けるために、会社は利益を上げ続けなければなりません。利益が出なければ社員の給与が払えないばかりか、会社自体が存続できなくなるからです。

　また、**利益とは会社がつくる「付加価値」**です。その付加価値をつくるのは、「社員」なのです。設備投資をした機械だけが付加価値をつくるのではなく、社員が付加価値をつくります。したがって、社員は付加価値がつくれるように、「成長」し続けなればなりません。ずっと新入社員のレベルで仕事をしていたら、付加価値が上がらないからです。

　人は仕事を通じて成長し、成長感を味わいます。仕事を通じて人と関わり、所属感を持ちます。仕事を通じてできなかったことができるようになり、達成感を味わいます。そして、仕事を通じてつくり上げた実績や、そのときに味わう喜びや感情が、その人の誇りとなるのです。このプロセスが人間性を向上させます。

　つまり、「経営の目的とは、社員を幸せにすること、社会に貢献すること、そのために利益を出すこと」といえます。人間性を追求することが社会性を追求することになり、同時に経済性を追求することになる。**この３つの要素を追求することが、経営をするうえで大切**といえます。

05 経営の目的と手段を間違えない

目的がはっきりすれば判断がすっきりして、経営判断のミスがぐっと少なくなります。

経営の目的をはっきりさせると判断しやすくなる

経営の目的とは、社員を幸せにすること、社会に貢献すること、そのために利益を出すことでした。これが経営の原理原則です。この原則から外れないように経営をすることが大切です。

つまり、①社員を幸せにしない経営をしない、②社会に貢献しない経営をしない、③利益の出ない経営をしないと言い換えることができます。

これで、経営判断するときの基準がはっきりしてきます。

ある上場企業の社長はこう言います。

「3期連続、赤字企業の社長はクビ！」
「やる資格がないよ！　早く辞めたほうがいい！」
「誰にも言われないから居座っちゃうんだよ！」

厳しい言葉ですが、基準がはっきりしていますから、白黒つきます。

経営の目的と手段の違い

健康のためにマラソンを始めた人が、走りすぎて体を壊すことがあります。本来の目的は「健康になること」。そのための手段としてマラソンをします。しかし、いつの間にか手段であるマラソンが目的化してしまい、本来の目的である「健康になること」にマイナスとなることがあ

るのです。

　さらに、家族が心配して「体調が悪いなら今日はマラソンをやめたら……？」と言っても、「うるさい！　俺はランニング距離の目標を決めているんだ」とケンカになったりもします。目の前の手段であるマラソンに熱中するあまり、もともと求めていた健康のためにという目的からまったく逆の方向に向かってしまう。笑い話のようですが、実はよくある話です。

　一生懸命やるあまりに、目的と手段が逆転するのです。健康や家族など大切なものを失って初めて気づくのです。

「あれ、何のためにこれをやっていたんだっけ？」

　経営は人がやることですから、同じようなことが経営でも起こります。一社員が健康のためにやるマラソンで手段と目的を間違える程度ならまだいいのですが、経営者が経営の手段と目的を間違えると、**社員が不幸になります。**

　経営のステージによっても目的が違います。初めのステージは食べるために売上を上げることだけの場合もあるかもしれません。しかし、経営のステージが上がれば社長の経営理念も変わります。

　たとえば、経営の目的が「社長の自分が金持ちになるため」だとします。すると、**社員は社長が金持ちになるための手段**になります。社員を安い給与で働かせて、社長だけがお金持ちになる。「あの社長の年収は１億円！」といって雑誌やテレビで、もてはやされているような話です。ある社長の豪邸に社員が訪ねたとき、「ああ、この柱は私が働いたお金でできている」とつぶやいたそうです。

　しかし、社長にしてみると、「オレがつくった会社でオレが儲けて何が悪い！」「オレの会社だ！　文句を言うな！」となります。これでは社員が不幸です。「経営の目的が社員の幸せではない」という会社の例です。

　一方、経営の目的が社員を幸せにし、社会に貢献することであれば、

会社は社員を幸せにする手段＝道具です。利益も同じように手段＝道具です。**つまり、経営の目的が違えば経営のやり方が180度違ってくることになります。**

経営の目的が、「自分が金持ちになりたい」という社長の利己ならば、社員と会社はそのための道具です。一方、経営の目的が、社員を幸せにすることであれば、お金は道具となります。

ある社長が、自分が金持ちになるために会社を始め、給与が１億円になったとしても、どこかで考え方が変わる瞬間があるのかもしれません。「何かが違う、このお金は自分のものじゃない、お金のためだけに働くのはおかしい」と気づき、「社員を幸せにするために経営をしよう」と考え方を変えるかもしれません。

毎日、行なわれている仕事の内容はまったく同じでも、社長の考え方が変わった瞬間に経営の内容が180度変わるということも起こりうるのです。

経営のステージが変わることで、経営理念が変わり、会社の中身が変わるのです。

第 1 部

経営理念を理解しよう

第 3 章

経営理念とは何か？

01 経営理念とは、より強く より広い「思い」

あなたが毎日、思っていることが言葉に表われます。思っていないことは言葉にできません。

「思いの強さ」と「思いの広さ」

経営理念とは、**信念にまで高まった社長の哲学**であり、より広い価値観の集積であるといえます。これは「思いの強さ」と「思いの広さ」で表わされるものです。

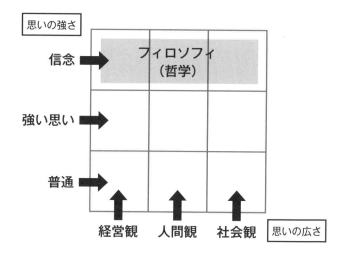

タテ軸が「思いの強さ」です。思いの強さには①普通、②強い思い、③**信念にまで高まった強い思い（＝哲学）**の３段階があります。

①**普通**とは、ちょっと思っている程度、たまに口に出す、普段は忘れているレベルです。

②**強い思い**とは、熱く語るもの、飲み会で話し始めると声が大きくなるものです。

③信念にまで高まった強い思いとは、「これが私の信念！」と言い切れるもの、不動の哲学といえるものです。
　ヨコ軸が「思いの広さ」です。①経営観、②人間観、③社会観の3つをとりました。

「思い」は人それぞれ

　「思う」というと、誰でも簡単に軽く考えます。しかし、この「思う」ということが大切なのです。

Q あなたが今日、一番多く思ったことは何ですか？

- 仕事のこと（新製品の価格、納期、顧客のクレーム、明日の資料づくり、転職など）
- お金のこと（給与、ボーナス、昇給、月末の支払い、家賃、ローンなど）
- 人間関係のこと（上司の悪口、仕事ができない部下、あの言い方が気に入らないなど）
- 親族関係のこと（田舎のおじいちゃんの病気、両親とのケンカ、恋人との約束など）
- 健康のこと（メタボ、健康診断の結果、高血圧、うつ、ジョギングなど）
- 楽しいこと（今度行く海外旅行、週末のコンサート、合コンなど）

　こういった事柄を絶え間なく考えているのです。
　たとえば、「会議に出ている」といっても、会議に関係のないことを考えている人がいます。週末の予定を考えている人、今日の飲み会のことを考えている人、そしてただぼーっとしているだけの人もいます。**体は会議室にあっても、「思う」ことが人それぞれ違っているのです。**
　しかし、その場にいる人は全員、「会議に出ていた」と言います。たしかにそのとおりなのですが、そうではありません。「会議に出ていた」のは間違いないのですが、本当は会議に出ていないのです。「思い」は

別の場所にあるのです。

　こういった会議がまさに、経営理念＝「思い」がバラバラの企業の縮図です。本人たちは仕事をしているつもりですが、実際には成果が出ず、生産性が上がっていないのです。

いま現在、あなたの考えていることは？

　人間の頭の中を図にしてみましょう。

①は、普通にいろいろなことを考えている人の頭の中
②は、仕事と家族のことを強く思っている人の頭の中
③は、経営理念のことを信念にまで高めている人の頭の中

　①は、仕事のことを考える時間は少なくて、遊びのことを考える時間のほうが多い状態です。こういう人のほうが多いと思います。

　人は黙っているときに、「何か」を考えています。その「何か」がこういった項目になるわけです。

　そして、人と話すときに口から出る「言葉」は、その人の「思い」と同じです。思ってもいないことを人は話しません。人は思っていることを話すのです。ですから、その人の言葉を聞くと、その人の「思い」がわかるのです。

　つまり、あなたの「言葉」はあなたの「思い」です。毎日、不平不満を言っている人は、不平不満という「思い」を持っているのです。毎日、経営理念を話している人は、経営理念のことを「思って」いるのです。ですから、その人の「言葉」を聞けば、その人の「思い」がわかります。

　「社員を幸せにしたい」と24時間365日思っている社長は、「社員を幸せにしたい」という言葉が口から出てきます。それが経営理念です。

　口を開けば「売上は上がったか？」「受注はできたか？」と毎日、聞いてくる社長の頭の中は、きっと「売上が上がること」だらけです。

　その人の頭の中は、その人の「言葉」でわかります。丸1年間、「売上」

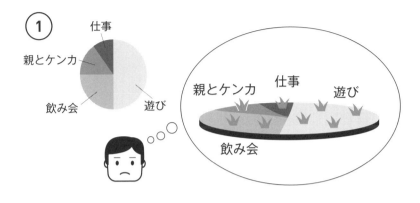

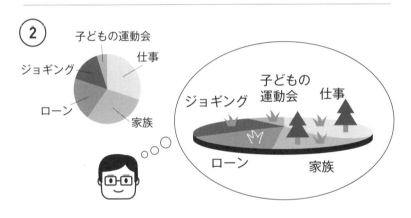

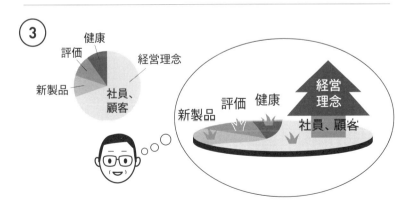

のことばかり話す人が、経営理念について「思っている」はずがありません。「いや、そんなことはない。本当は経営理念について深く考えていたんだ。でも、まったく口には出さなかった」ということはありえません。

「親族が病気で会社では話せなかった」ということはあるかもしれませんが、それは状況が違います。社長やリーダーは、自分が話す言葉を、丸1日録音してみると、自分が考えていることを客観的に見ることができるかもしれません。

強い「思い」は「言葉」になって必ず出てきます。強い「思い」を持った、経営理念のしっかりした経営をする社長は、口を開けば「経営理念、社員の幸せ、どうすれば経営が良くなるか」を語ります。それは、**本人が話しながら自分自身を説得する行為**であり、また、社員をはじめ周りの人を説得する行為です。

口を開けば経営理念を語り続ける人たちがいる会社の中に、経営理念は定着するのです。

02 経営観・人間観・社会観の3つの側面が必要

経営理念を分解して1つひとつ細かく考えてみましょう。経営理念とは経営信念であり、経営哲学です。

「何を話すか」が重要

前節の続きです。経営理念は「広さ」も重要です。広さとは話す内容です。

経営理念を①経営観、②人間観、③社会観という3つの側面から見てみましょう。

①経営観 ＝ 顧客観、商品観、技術観など、経営への見方（観）
②人間観 ＝ 倫理観、幸福観、死生観など、人間そのものへの見方（観）
③社会観 ＝ 社会的使命観、未来観、世界観など、社会全般への見方（観）

①経営観

「経営」理念ですから、「経営」に関するものの見方が一番初めです。

> **Q** 経営とは○○である。
> 　　社員とは○○である。

「○○」の部分に何の言葉を入れますか？　たとえば、「経営とは**芸術**である」「経営とは**科学**である」など、いろいろな考え方があります。

経営観をもう少し分解すると、経営をするうえで必要な**「顧客観」「商品観」「技術観」**などとなります。たとえば、「顧客に対する考え方はこうする」といったものです。「顧客第一主義」という考え方もあれば、「社

員が第一、顧客は第二」という考え方もあります。どちらが絶対に正しいというものではありません。人の人生と同じで十人十色、百人百様です。

商品については、常に世界最高の品質を目指す会社もあれば、世界最高でなくてもおふくろの味を大切にするという会社もあります。同じように技術では、世界初の最新の技術を追求する会社もあれば、すでにある技術を最適に組み合わせることを追求する会社もあるかもしれません。

また、人材に対する考え方も、「社員は家族である」とする会社、「社員はパートナーである」とする会社など、経営に関わるすべての事象にしっかりした考え方＝理念が必要となってくるのです。

たとえば、「**賃金の5原則**」といわれるものがあります。

■ 賃金の5原則

- 賃金は通貨（現金）で支払わなければならない。
- 賃金は直接本人に支払わなければならない。
- 賃金は全額を支払わなければならない。
- 賃金は毎月1回以上支払わなければならない。
- 賃金は一定期日に支払わなければならない。

言われれば、「そうか！」というものであり、詳しくは知らなかったけれど、実際にやっていたというものかもしれません。経営理念とは原理原則なので、こういった原則、ルールを1つひとつはっきりさせていく必要があるということです。

②人間観

経営というものは人間が行なうものですから、人間に対するしっかりした見方を持つ必要が出てきます。

①倫理観

　経営理念の中で、とくに大切だと思う内容は**「倫理観」**（ethics：エシクス）です。言葉を変えると、**「人として正しいことをする」**といえます。

　たとえば、「自分の胸に手を当ててみる」「自分の心に聞いてみる」「お天道様が見ている」といった表現にあたるようなものです。

　経営理念の一番のおおもとになるものがこの倫理観ではないかと思います。なぜなら、いくら経営理念をつくり、さらに細かい規則で社員を縛ってもこの倫理観がなければうまくいかないからです。

　ドラッカーは**「高潔さ」**（integrity：インテグリティ）が経営のトップには必要だといっています。

　そして誠実さ、正直さ、勇気といったものも必要になってくると思います。

「人はウソをつく、ズルくて、弱くて、卑怯(ひきょう)だ、だからこそ倫理観を持つことが大切だ」

「人は一長一短だ、人は１人でできることは限られている、だからこそ助け合うことが大切だ。人は成功するとすぐに傲慢(ごうまん)になる、だから謙虚にすることが大切だ」

　こういった価値観、人間観も、経営をするうえで必要なのです。

②幸福観

　社員の物心両面の幸福を追求するとしたら、いったい人は何に幸福を感じるのだろうかと、価値観を持たなければならなくなります。

　たとえば、「社員の給与はいくらにしたらいいのだろうか？」と社長になれば悩みます。多くの社員は「お金のために働いている」と思っていますから、社員にとっては給与は一番の関心事です。ですから、理念＝考え方が必要になるのです。

　給与は上がればうれしいし、下がればうれしくない。しかし、どんな

に高くなってもうれしいのはそのときだけで、上がればそれが当たり前になり、感謝しなくなります。いくらもらおうが、いつでもどこかに不満を持っているものです。そして、人と比較したくなる。他人の給与が気になる。同僚がいくらもらっているのか、他社はどうなのかと気になる。

　これは給与に関する1つの見方です。しかし、こういった人間心理を理解したうえで、人の幸福観を考え、経営理念に反映させてゆく必要があるのです。

　「給与は業界平均の10％上を目指す！」を経営方針にする会社もあります。これは立派な価値観であり、経営理念といえます。

③死生観
　「**経営者は経営に身を捧げなさい**」（宗次德二／カレーハウスCoCo壱番屋創業者）
　「**命をかけるくらいの責任感で毎日を生き、その姿勢をどのくらいの期間続けてきたかということで、真の経営者の価値が決まるのではないかと思います**」（稲盛和夫）

　「経営に身を捧げる」とは素晴らしい言葉です。ここに強い思い、つまり経営理念があります。この言葉は、経営に対する強い思い、つまり経営観であり、経営者としての人生観でもあります。

　「経営に身を捧げる」「命をかけるくらいの責任感」という言葉からは、全身全霊で仕事にあたるという強い思い、命を使うという使命感を感じます。「寄らば切るぞ！」とでもいうような迫力を感じます。

　「おつき合い」と称した夜の飲み会や〇〇クラブの活動に精を出す経営者の姿とは違うものです。社会貢献と称して、会社の仕事よりも社外の役を引き受けて時間を浪費する姿とも違います。

　「命をかける」というのは、「この仕事のためなら死んでもいい」「仕事中に死ねるなら本望だ」「いつ死んでも悔いはない」という「決意」「覚悟」があるということです。

「働くとは何か？」という労働観を深く考えれば、人生観、死生観にまで至るのです。

人生の大半を労働に費やすことになるのであれば、労働観、職業観と人生観が密接につながってきます。つまり、**経営理念は人生理念と同じ**といえます。

③ 社会観

社会観とは、社会全般に対する見方です。企業経営をすれば社会との関わりが出てきます。企業という顧客であったり、消費者という市場であったり、会社が存在する地域社会との関係が出てきたりします。

不良品を世に出してしまったときに対応する**「社会的使命観」**もあれば、障害者雇用をする社会的使命観もあるでしょう。継続して企業を発展させるためには日本の経済の**「未来観」**を持つことも必要です。そして、世界に商品を販売しようとするならば販売先の国家に対する歴史や人種、経済などの「国家観」が必要です。その国家観の集積が**「世界観」**となるわけです。

たとえば、「中国や韓国にはどういった歴史があるのか？」「どういう思想なのか？」「反日の国家と親日の国家は何が違うのか？」「一番ビジネスがしやすいのはどの国なのか？」といったことを調べ、理解し、自分なりに社会観を持って仕事を進めていく必要があるということです。

「タイは親日国で、人柄がいい、だからタイに一番初めに進出する。この事業がタイに進出すると、タイにこういった社会貢献ができる」という強い信念、理念があれば、経営が成功する可能性が高くなります。何も知らずに、思いや理念がなく、賃金が安いから、なんとなく進出するのとは結果が違ってきます。

こういった①経営観、②人生観、③社会観という「思いの広さ」というヨコ軸と、「思いの強さ」というタテ軸で経営理念を見ることができます。より良い経営を目指すには、より広くより深い経営理念を持つことが求められます。

経営理念とは経営哲学である

　経営理念とは、**信念にまで高まった社長の思い（＝哲学）**です。ですから、経営理念とは「**経営信念**」ともいえます。
　社長が持つ経営観、人生観、社会観などの価値観すべてに対して、「私はこう思う！」という強い思い、信念の集積が経営哲学です。つまり、経営理念とは、経営信念であり、経営哲学なのです。
　経営理念が哲学となるには、次のプロセスが必要です。

①知識として知る（考える）
②体験する（仕事、人生において）
③身につく

　まずは、①**知識として知る**ことです。言葉を知らなければ考えようもありません。スペイン語を聞いたことがなければ話すことができないのと同じです。したがってまず、たくさんの経営理念に目を通し、読むことが必要です。この理念には共感できるという言葉を集めることです。
　しかし、それが空理空論ではいけません。実際に毎日やっている仕事を通じて②**体験する**事例を理念に照らして考えることです。ただの「いい言葉集め」だけでは実務に役立たないからです。
　知識として知り、実務で体験することで、その体験が言語化され、経営理念は③**身につく**のです。理念とは人生、仕事の方程式のようなものですから、体験をその考え方という方程式に当てはめて、腹に落とすことが大切です。

03 経営理念は「なぜ？」に答えるためにある

「なぜ？」と深く掘り下げて考えることは、哲学していることになります。

「なぜ？」から始まる

Q 経営理念は何のためにあるのですか？

この質問に対しての答えは、**経営理念は「なぜ？」（WHY）に答えるためにある**といえます。

「われわれはなぜ働いているのか？」
「われわれは何のために生きているのか？」
「なぜ、この仕事をするのか？」
「なぜ、ここまでやるのか？」

こういった質問に対しての答えが「経営理念」といえます。

それは、働く理由、生きている理由、がんばる理由です。言葉を変えると、労働観、人生観ともいえます。

「なぜ働くのか？」という働く理由は、労働観ともいえます。

そして、「なぜ働くのか？」を突き詰めていくと、「なぜ生きているのか？」「自分はどう生きたいのか？」「どんな人生でありたいのか？」という人生観に至ります。

このように物事に対して「なぜ？」と突き詰めていくことを**「哲学」**と呼びます。したがって、経営理念とは経営哲学であるといえるのです。

創業をするときに強い意志を持って、「私はこういう経営をする！」という経営理念で会社を始める人もいるでしょう。二代目でなんとなく跡を継ぎ、仕事をするうちに壁に当たり、「仕事とは何だろう？」「なぜ社員は働いてくれないんだろう？」と悩み苦しんで経営理念に行き着く人もいるでしょう。

どんな場合でも、社長という責任の重さに押しつぶされそうになりながら、自分なりに「なぜこうなるんだろう？」「どうしたらいいのだろう？」と悩んだ末の自分なりの答えが、経営理念なのではないでしょうか。

ここでのポイントは「なぜ？」（WHY）です。

「なぜ？」「何？」「どう？」で経営理念を考える

経営理念を考える3つのヒントは次のとおりです。

① 「なぜ」（WHY）
② 「何」（WHAT）
③ 「どう」（HOW）

① 「なぜ」（WHY）

最も重要なのが「なぜ」（WHY）です。これが経営理念の根幹となります。「目的」「理由」「本質的なもの」ともいえます。**「会社をやる目的、会社をやる理由の一番の根っこ、その本質」**という表現になります。

「なぜそう判断するのか？」という判断基準を示すものでもあります。「なぜそう判断するのですか？」と聞かれたら、「『人として正しいことを判断基準とする』これが理由です」と答えられるものです。

「なぜ、会社を経営しているのですか？」に対する答えは、**「人を幸せにするため」**です。「会社は人を幸せにするための道具である」「会社は世の中の役に立つための道具である」と社員に答えてあげてください。

②「何」(WHAT)

「何をするのか?」は事業の領域を示すことができます。「地域の人に安全な食材を提供する」は経営理念といえます。「私たちの会社は医療機器を通じて安心を提供します」という経営理念もあるかもしれません。

たとえば、ソフトバンクグループの経営理念は「**情報革命で人々を幸せに**」です。「何をするのか?」というと、「人々を幸せに」する。そういう会社であろうという意志を表わしています。

つまり、「**何**」(WHAT) は、経営理念の中でも「**事業領域**」「**意志**」「**方向性**」を表わすものといえます。

③「どう」(HOW)

「どう」(HOW) については、次の2つがあります。

(i) 存在=あり方 (How To Be)

これは「わが社はどうありたいのか?」「どういう存在でいたいのか?」といったものです。

セコムグループが実施すべき事業の憲法

セコムは、常に革新的でありつづける。
セコムは、すべてに関して礼節を重んずる。

日清紡グループ「企業理念」

企業公器
企業は社会の公器であるとの考えのもと、地球環境問題へのソリューションの提供を通じて、持続可能な社会の実現を目指します。
至誠一貫
世界のさまざまな文化や慣習、さらには生物の多様性等を尊重し、企業人としての誇りをもって公正・誠実な事業活動を行います。

> 未来共創
> 変化への対応とたゆまぬ挑戦を続け、ステークホルダーの皆さまとともに豊かな未来を創造します。

この場合、「私たちの会社は、こうありつづける」という会社の「**あり方**」「**姿勢**」「**ありたい姿**」を伝えています。"How To Be"、どうありたいか、あり方、"Being"ともいえます。

(ii) 方法＝やり方（How To Do）
こちらは「経営理念」というよりは、「**経営戦略**」の領域に入ります。どうやるか、実際のやり方、"How To Do"です。
たとえば、「会社から半径30分以内だけを営業する」は、経営理念ではなく、経営戦略です。「経営理念」とは根本となる考え方、哲学といえるものであり、その考え方をより具体的に実行するやり方が「経営戦略」となります。

つまり、**(i) 存在＝あり方（How To Be）は経営理念ですが、(ii) 方法＝やり方（How To Do）は経営戦略になる**と覚えておいてください。

第5章で説明する「**5W2H**」の中でも、①「なぜ」（WHY）、②「何」（WHAT）、③「どう」（HOW）の3つが経営理念を考えるヒントになります（123ページ参照）。

＊5W2Hとは「いつ、どこ、誰、何、どう、なぜ、いくら」、When、Where、Who、What、How、Why、How muchの頭文字をとったもの。

04 経営理念とはミッション、ビジョン、バリューか？

経営理念の根幹ともいえる３つのキーワードをしっかりと押さえておきましょう

ドラッカーの定義

「ネクスト・ソサエティでは、トップマネジメントがそのまま企業となる。トップマネジメントの責任は、方向づけ、計画、戦略、価値、原則、構造、関係、提携、合弁、研究、開発、設計、イノベーションにおよぶ。

組織としての個の確立には価値観が必要となる。ネクスト・ソサエティにおけるトップマネジメントの最大の仕事が、組織としての個の確立である。

しかし、ネクスト・ソサエティにおける企業の最大の課題は、社会的な正統性の確立、すなわち価値、使命、ビジョンの確立である。他の機能はすべてアウトソーシングできる」（P・F・ドラッカー／『ネクスト・ソサエティ』ダイヤモンド社より）

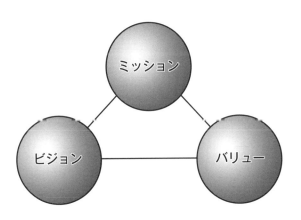

ミッション（＝使命）、ビジョン（＝将来像）、バリュー（＝価値観）の３つ以外は、外部に出してもいい。つまり、この３つが企業の中枢であると言っているのです。ドラッカーにこう言われると、反論できる人が少なくなってしまいます。
　しかし、ドラッカーの言うことが100％正しく、経営理念もミッション、ビジョン、バリューの３つにしなければならないかというと、そうではないと思うのです。
　経営理念とは「経営者がどう思うのか？　社員がどう考えるのか？」といったことも大切です。ですから、このミッション、ビジョン、バリューという言葉を使うか使わないかは、自社の状況に合わせて変えてほしいと思います。
　ある上場企業の社長と経営理念について話したときに、「ミッション、ビジョン、バリューって使いづらいんですよね。なんとなく、しっくりこないんです。ですから、ウチの会社ではミッション、ビジョン、バリューという言葉は使っていません」ときっぱり話してくれました。
　それでいいのだと思います。「ミッション、ビジョン、バリューというまとめ方をしなければならない」と思うことが、思考を狭めてしまいます。もちろん、ミッション、ビジョン、バリューでまとめてもいいのです。しかし、その言葉にとらわれすぎないということが大切なのだと思います。

●ミッション（使命、重要な任務、キリスト教の伝道など）

　「ミッション」という言葉は、ややこしいところがあります。言う側の使い方、聞く側の聞き方で意味合いが違ってくるからです。
　「君のミッションは新規開拓だ」と言われた場合は、「君の任務＝仕事は新規開拓だ」という意味で使われています。この場合、ミッション＝任務＝仕事＝役割という程度のものです。「業務だからしっかりやりなさい」という感じです。
　しかし、「君のミッションは世界の貧困を救うことだ」となると意味合いが違ってきます。「君は自分の命をかけて、人生のすべてをかけて

世界の貧困を救うのだ」という重い意味を感じます。たとえば、国境なき医師団が自分が死ぬかもしれないという危険を冒して紛争の最前線に出向いていくといったイメージです。そこに覚悟を感じます。「昨日つくった商品の新規開拓を君のミッションとする」というのとは重みが全然違います。

　もちろん、言葉ですから人によって使い方が違っていいのですが、この「ミッション」という言葉は、どちらかというと重い意味で使ってほしい言葉です。

　「ミッション」は日本語に訳すと、「使命」ですから、「命を使う」という意味です。自分の「命をかけて全力で当たる」「一生かけてやり遂げる」という「覚悟」を感じさせる言葉が、このミッションといえます。

　多くの経営者も私淑する教育者の**森信三**氏は「天からの封書を開ける」と表現します。「人は誰でも天から封書を預かって生まれてくる。しかし、その封書を開けずに人生を終えてしまう人のなんと多いことよ」と言っています。人は生まれながらに使命を持っている、人として死ぬまでに果たすべき役割がある、それを記した封書を携えて生まれてくるということです。

天からの封書

　では、どうすれば自分だけに与えられた封書を開け、自分の使命に気づくことができるのか？　「『目の前のことに全力を尽くす』それ以外に

自分の使命に気づく方法はない」と言ったのは幕末の思想家・**吉田松陰**です。つまり、天からの封書を開けるには、「足下を掘る」ということです。どこかに青い鳥がいるのではないかとさまようより、「いま、ここ」を大切にすることのほうが、自分の使命に気づくことができるということです。

　自分の使命に気づくとは、本当の自己に目覚めるということです。誰かに影響されて、人の人生を生きるのではなく、本物の自分の生き方に気づくということです。自分にしか歩けない、自分自身の人生を歩くということ。「覚悟を決める」「ブレない」「この道しかない」という表現が当てはまる生き方となります。

●ビジョン（未来像、夢、幻想、洞察力など）

　「ビジョン」は「ミッション（使命）が実現した姿」という表現があります。経営理念に基づいて、「こうありたい」という姿、自社が目指すイメージともいえます。

　日本人は昔から言葉遊びが好きです。「人生には３つの坂がある。『上り坂、下り坂、まさか』、この『まさか』という坂に気をつけましょう」という話を聞いたことがあるかと思います。しかし、これはただの言葉遊びです。

　同じように、「ビジョン」でも、「『ビジョン経営』をしましょう！」などと言われます。「ビジョン経営」といっても、響きはいいのですが、意味がよくわからない。「『ビジョン経営』で行こう」「『ビジョン経営』の時代だ！」と言われても、言っている経営者は気持ちがいいのですが、聞いている社員はよくわかっていないということが起こります。つまり、一種の言葉遊びのようになってしまうのです。

　「ビジョン経営」とは、日本語に訳すと、「夢経営」「幻想経営」です。これだとよく意味がわからない。「こうありたい経営」のほうがまだ、なんとなく意味が通じるかもしれません。

　この「ビジョン」とは、「将来ありたい姿」「なっていたい会社の状態」と考えるといいのかもしれません。言葉を変えると、「NO.1になる」「日

本一になる」「世界で活躍する」という「イメージ」「願望」です。また、「目指すもの」「目指す姿」「目指す方向性」ともいえます。

アタックスグループ「ビジョン」

日本一の「社長の最良の相談相手」になること。

株式会社 LIXIL グループ「中期経営 VISION」

住生活産業におけるグローバルリーダーを目指す。

●バリュー（価値基準、価値観、値打ち、評価、価値など）

　経営理念で使われる「バリュー」は、「価値観」「判断基準」と言ってもいいかもしれません。「ミッション」という使命をもとに、「ビジョン」という将来像を描き、そこに向かって行動するための判断基準が「バリュー」です。また、行動をする基準となるものとも考えられますので、「バリュー」を「行動指針」と表現する場合もあります。

　つまり、「バリュー」とは判断の基準となる考え方、「価値観」であり、その「価値観」に基づいた「行動指針」なのです。

　この「バリュー」は、さまざまな言葉で言い換えられています。たとえば、「行動指針」「信条」「クレド」「社是」「社訓」「ガイドライン」「ウェイ」などです。こういった言葉は、絶対にこの言葉でなくてはいけないというものではなく、それぞれの会社に合った言葉で、わかりやすいものであればいいのです。

　「価値観」「バリュー」を決める社長のフィーリングに合う言葉、経営理念をつくり込む社員の考え方に合う言葉、社外に発信するときにわかりやすい言葉でありたいものです。

　カッコいい言葉ばかりを求めて、本質を見失わないようにすることが大切です。そのひと言があれば、社員全員がこうすればいいとすぐにわかるような言葉が最適です。

読売巨人軍のオーナーであった正力松太郎氏は「**巨人軍は常に紳士たれ**」「**巨人軍は常に強くあれ**」「**巨人軍はアメリカ野球に追いつき、そして追い越せ**」という3つの遺訓を残しています。この言葉は、そのあるべき姿、ありたい姿を表わす、わかりやすい表現だと思います。
　企業経営だけでなく、プロ野球の選手のあり方においても、価値観、経営理念というものが生きている例といえます。

05 経営理念は何のためにあるのか？

社員のモチベーションや社外への発信のためだけでなく、経営理念の本質を考えましょう。

■ 経営理念は社員のモチベーションを上げるためにあるのか？

「経営理念をつくったら、社員のモチベーションが上がって良かった」という声をよく聞きます。「私の友人の会社が経営理念をつくって社員のモチベーションが上がったので、私の会社も経営理念をつくろう」という人もいます。「自社の社員のモチベーションが低いので、社員のモチベーションを上げるために経営理念をつくろう」というわけです。

しかし、これはどこか変な感じがします。経営理念をつくった結果、社員のモチベーションが上がるのであって、社員のモチベーションを上げるという目的のために、経営理念をつくるという手段があるのではないのです。経営理念をつくることを、社員のモチベーションを上げるための手段と捉えてしまうと、経営理念づくりがどこか表面的な浅いものになります。

経営理念をはっきりさせ、経営理念をつくるという行為は、本来は経営の目的をはっきりさせることであり、会社のありたい姿をはっきりさせることであり、判断の基準をはっきりさせる行為です。社長と社員が仕事とは何か、自分自身の役割は何かといったことを深く、真剣に考えることが自分自身の精神的な成長を促します。

また、経営理念をつくるプロセスで自分の考え方を整理し、修正していくことや、経営を通じて、仕事や人間をより深く考え、いままで見えなかったものに気づくことが人間的な成長となるのです。数年という長い時間がかかることですが、時間がかかるからこそ意味がある。大きな木がしっかりと根を張るのに時間がかかるように、自分の思想が深まる

のにも時間がかかります。1日や2日で本物の経営理念ができるはずがありません。

さらに、経営理念をつくり働く人たちが考え方を共有することで、気持ちのうえで同志となります。考え方を共有する者同士の所属感が出てきます。人は誰にでもどこかに所属したいという欲求があります。孤独でありたくないのです。家族や友人や会社という組織に気持ちのうえでつながっていたいのです。

経営理念がしっかりしているということは、自分がその組織に属しているという所属感を満たしてくれます。こういった考えの人たちが集まる、こういった社会的意義がある組織に属しているという満足感が出てきます。

官僚組織、一部上場企業、名門大学などのブランドの高い組織であればなおさらです。経営理念がはっきりすれば、そこに属する人たちの所属感を高め、孤独感を少なくすることになります。そのことは結果的にモチベーションを上げることになるのです。

経営理念は社外に発信するためにあるのか？

同じように、「経営理念を社外に発信するためにつくる」という話も聞きます。しかし、これも「社員のモチベーションを上げるために経営理念をつくる」という考え方と同じで、主客が転倒しています。

社員のモチベーションが低いので、経営理念集をつくり、社外の人にも発信して社外の人から褒めてもらうことでモチベーションを上げるというやり方をとる会社もあります。

たしかに、カッコいいデザインのロゴをつくり、こぎれいな経営理念集をつくって全社員に配り、社外の関係者にも配れば経営理念に関する情報の発信にはなります。しかし、旅行のパンフレットと同じように、配られたときには見たとしても、すぐに引き出しの中にしまわれるか、ゴミ箱に捨てられてしまうでしょう。

社外に発信するために経営理念をつくるのは、社外に発信するという

「目的」のために経営理念という「手段」を使うことになります。

　そうではなく、経営理念をつくり、社外の人にも見てもらうことで、①自分の会社を理解してもらう、②自分の会社を応援してもらう、③自分の会社を監視してもらうことになるのです。あくまでも、それは結果です。

　しかし、経営理念を発信しなければ社外の人は、どんな考えで経営をしているのかがわかりませんから、発信することは非常に大切なのです。

　また、経営理念を発信することで、理解してもらい、応援してもらうことが可能になるわけです。さらに、人間は弱いので社内外に理念を発信することで、自分自身を縛り、有言実行をしやすくするのです。

　「世界のリーディングカンパニーを目指す！」と言いながら、低いレベルのサービスを提供するわけにはいきません。人は「言ったらやりたくなる」という一貫性を持っています。その意味でも、経営理念を社外に発信することで一貫性を持った行動ができるようになります。言ったこととやっていることがブレることがないように、社外の人にも見てもらいながら、いい意味で監視されることも大切です。

経営理念は経営をするための道具なのか？

　経営理念を、経営をするためのツール、道具のように考える人や会社がありますが、本質的には間違っているといえます。経営理念とは何のために経営をするのかといった本質的な考え方をまとめたものであり、経営を始めるにあたっての根幹です。

　生きるためにパンを食べるのであって、パンを食べるために生きるのではありません。生きるという目的のために、パンを食べるという手段があり、パンを食べるという目的のために、生きるという手段があるわけではないのです。つまり、パンを食べるために生きるとなると、目的と手段が逆転してしまうのです。

　同じように、経営理念を実現するために経営をするのであって、経営

をうまくやるために経営理念をつくるのではありません。経営理念を実現するという目的のために、会社を経営するという手段を使うのであって、「会社経営をうまくやる」という目的のために、経営理念をつくるという手段を使うのではありません。

　ここでいう「会社経営をうまくやる」とは言葉を換えると、「社員のモチベーションを上げて利益を出す」であり、「社外に経営理念を発信することでいい経営をしているように見せかける」となります。そこには何かあざとさを感じます。

　経営とは、ロゴやデザインだけで良くなるものではありません。バブルの頃には、会社のロゴやキャッチフレーズをつくることが流行りました。しかし、それで会社が良くなったかと問われれば多くの疑問が残ります。ロゴやキャッチフレーズは会社を表現する手段の1つでしかないので、本質的に会社が成長することとは違います。

　一流の企業、本物の企業は経営理念の冊子づくりにパワーや時間を使うのではなく、経営理念の本質に圧倒的な時間を使います。それはつまり、次のような哲学的な内容です。

「何のために経営をするのか？」
「どういった判断基準で経営をするのか？」
「経営を通じて何を実現したいのか？」
「働くとは何か？」
「自分はどういった人生を歩きたいのか？」

　そしてさらに、経営全般に関する考え方にも思考の範囲は広がります。

「顧客の心理とはどういうものか？」
「価格の決定とはどうするものなのか？」
「社員の気持ちをまとめるにはどうしたらいいのか？」
「商品の果たしてきた役割はどういったものか？」

「これからどんな未来になり、どんな生活をするのか？」

このようなビジネスを通じた心理学や未来予想などです。経営者はより広く、より深い、哲学ともいえる考えを持つ必要があるのです。そして、その思想体系をまとめたものが経営理念といえるのです。

経営理念がないと、どうなってしまうのか？

経営理念はどの会社にもあるといえばあるといえます。実際に経営をしているということは、経営理念があるともいえます。「無意識の、強くない、社長が持つ考え」でも、経営理念といえないことはないからです。

しかし、通常使われる「経営理念」という言葉の本来の意味は、「**社長の強い意志**」であり、「**経営哲学、経営観**」「**経営の原理原則**」というものです。

したがって、経営理念がないと次の3つのことに困るようになります。

①使命感の喪失 ＝ 経営の目的、企業の存在意義、働く意味がはっきりしないこと
②方向性の喪失 ＝ どんな会社にしたいのかがわからない、ベクトルが合わないこと
③判断基準がはっきりしない ＝ 人や部門で判断基準が違うこと

このことにより、次のようなことが起こります。

- 使命感がないと、社員の迷いや、もやもや感が多くなり、モチベーションが上がらない
- 方向性が見えないと、社内外から信用が得られない
- 判断基準がはっきりしないと、社員の不信感、不満感が生まれ、モチ

ベーションが下がる

　「経営理念なんてなくてもいいよ」と言う人の「経営理念」とは、額に入れて飾っているだけの経営理念を指しているのだと思います。そうではなく、ここでいう「経営理念」とは、**「会社の使命感、方向性、判断基準」を示すもの**であり、日常の仕事の中で活かされているものです。「活かされている」というよりも、「経営理念をもとに仕事がされている」と言ったほうがいいのかもしれません。経営理念を実現するために、いまの仕事をしているということです。
　もともとは「経営理念」を実現するために、「仕事」があるのであって、「仕事」をするために「経営理念」があるのではないということです。「経営理念」の実現が「目的」であり、「仕事」はそのための「手段」なのです。「仕事」が「目的」であり、「経営理念」の実現が「手段」ではないのです。
　「生きる」ために「食べる」のであって、「食べる」ために「生きる」のではないというのと似ています。ちょっと哲学的になってきました。
　つまり、「目的」をはっきりさせることが大切なのです。そうでないと、なんとなく仕事をして、なんとなく経営をして、なんとなく生きて、そして死んでいくということになりかねません。

06 経営理念を「数字」に落とし込む

「利益」という「数字」が人の心を変化させます。ですから、人が「数字」をコントロールする必要が出てきます。

経常利益率は10%なければならないのか？

日本における全企業の253万社のうち、70.3％が赤字なのは法人税率が高いというのも１つの原因かもしれません。しかし、実はここに経営理念が大きく関わっていると思うのです。税金が高いから払いたくないと思うその心が、「儲かったら社員にボーナスを払えばいい」「この際だから広告を出しておこう、交際費を使おう」という思いになるのです。

つまり、それが経営理念とつながっているのです。税金を逃れようという思いが、本来なら経常利益率が10％出せるところを、２％、３％という数字にしてしまうということなのです。

利益には２つの意味があります。１つが「**守り**」、もう１つが「**攻め**」です。

＊国税庁「会社標本調査」＝法人税の納税手続きを行なった法人の数（253万社、平成24年）・総務省・経済産業省「経済センサス」活動実態を確認集計（346万社）、売上１０億円超の企業率（中小企業実態基本調査平成25年）

①守り

守りとは、いざというときのために蓄えをとっておくという考え方です。これは「**内部留保**」です。

たとえば、社員の賃金の上昇ということもあります。100人の社員の平均給与が400万円なら年間４億円の人件費がかかっていることになります。その４億円の賃金が仮に10％上昇すれば4000万円のコストが増加するのです。そのことに対して準備をしておく必要があります。

また、飲食店であれば、食中毒が起こることも考えられます。仮に食中毒が起これば、業務停止が1週間、2週間となり、月の売上が半分になっても、コストだけはずっとかかり続け、赤字に陥ります。こういった不測の事態に対して「守る」ために高収益を出し続け、社内にいつでもその不測の事態に対応できるキャッシュを持っておく必要があるのです。

②攻め

　攻めとは、前向きで積極的な利益の使い方です。
　たとえば、自分の持っている店舗の隣に、たまたま土地を売りたいという人が現われた場合や、新しい工場をつくり、設備投資をするといった攻めの経営を展開したい場合に対応するための資金を手元に持っておくということです。
　銀行からの借入れだけではなく、自社でキャッシュを持っていることによって、余裕がある対応をすることができるのです。

　利益とは、働いた付加価値を測るものであり、自分自身の経営を守るものであり、攻める経営をする場合に必要となるものといえるのです。したがって、経常利益10％というものが必要となるわけです。
　「セルフイメージ」という言葉があります。自分自身をどう思っているかということです。たとえば、年収1000万円の人は、仮に職を失ったとしても、またいつの間にか年収1000万円になります。これは、本人が居心地のいい世界、自分自身が持つ居心地のいい世界に戻ろうとするからなのです。自分自身が持つイメージは年収1000万円だと思えばそうなり、自分自身の年収が2000万円だと思っている人は2000万円になります。これとまったく同じことが企業にもあるのです。
　「経常利益はとくにいらない、トントンであればいい」と思う人はそうなるし、「経常利益率は3％でいい」と思えばそうなり、「10％必要だ」と思えばそうなっていくわけです。
　これが心理学でいうセルフイメージというものであり、また、言葉を

換えれば理念、考え方ということができるわけです。

世界的ファンドであるテマセク・ホールディングスや、カルパース（カリフォルニア州職員退職年金基金）などは、年間の平均利回りが10％で回っているそうです。つまり、働かなくても10％の金利がついているということです。日本ではここ10年以上低金利ですが、世界では５％、10％で回っているファンドも存在します。

もし企業が全社員の力を合わせて働いても、経常利益、つまり生んだ付加価値が１％もないのであれば、働かずにそういったファンドに預けておいたほうがいいのではないかというような思いも出てきます。

したがって、社員全員が努力をし、英知を結集し、働いているのであれば、経常利益率は10％を目指してほしいのです。高収益というのは悪ではなく、正々堂々と追求するものです。不当な利益を得ることは罪ですが、社員全員が努力をしてつくり上げた付加価値、つまり利益は尊いものであると思います。

ダブルチェックの原則

銀行での多額の不正使用や、ある企業で経理の女性が１人で数億円の損失を出したというようなことが新聞で報じられることがあります。つまりそれは、ある意味ではその人を信じ数字を任せはしたが、結果的には不正を働くという罪をつくらせてしまったことになります。

人間というものは弱いものであることを前提に、その間違いを防ぐのが「ダブルチェック」といわれるものです。

ダブルチェックとは、Aさん１人だけでお金を動かすということをしないような仕組みをつくり、２人でチェックするということです。ダブルチェックをするという数字に関する経営理念を持つことが、不正を防ぐうえで大事になるのです。

身近な例として10人で居酒屋でコンパをしたとします。会計が２万8500円だったとしましょう。この場合、支出の２万8500円を10人で割ると、１人2850円の費用負担です。しかし、2850円ずつ集めるのが大

変なので、1人当たり3000円ずつ集金します。3000円×10人＝3万円が収入になります。そして、収入－支出＝3万円－2万8500円＝差額が1500円。これを10人で割ると、1人に150円ずつ戻すという計算になります。

　単純な計算ですが、酔っぱらっていると、冷静さが失われて「あれ、おかしいな。ちょっと合わないな」というようなこともよく起こりえます。

　こういったことを回避するのがダブルチェックです。つまり、AさんとBさんの2人で、そのお金を確認をすることによって間違いが防げるのです。支出がいくら収入がいくら、差額がいくら、1人当たりの払い戻しがいくらと、それぞれの数字を2人で確認し合うことによって過ちを防ぐことができます。

　仮に本人に悪気がないとしても、1人でやったときに数字が間違っていれば、「ちょっとくらいいいだろう」とごまかすことになります。計算が合わなければ「お前、余ったお金を自分の懐に入れただろう」と疑われてしまうこともあるでしょう。また、お金が不足していれば、「僕が黙って1000円多く払えば解決する」と善意ある人に負担をかけてしまうこともあるのです。こういったことを防ぐために、誰かにしわ寄せがいかないようにダブルチェックが必要となります。

　この例は、たかがコンパの席のことではあるのですが、会社に置き換えると売上が10億円、100億円、1000億円と大きくなれば、そのしわ寄せは1000円や2000円では済まなくなり、1000万円、1億円、2億円という金額になってしまうのです。そうならないように、小さな1つひとつのダブルチェックが必要といえるのです。

■「管理会計」と「財務会計」

　管理会計と財務会計は違います。簡単にいうと管理会計とは、いまの経営の数字を確認、理解する管理のための会計であり、財務会計とは税金や配当を確定させるなど、社外に向けた情報提供のための会計です。

したがって、財務会計には時間がかかります。1月の数字が締まると、その会計上に必要な数字をすべて確認し、その翌々月の中旬、つまり、3月の15日頃に出てくるようなものです。しかし、これでは実際に経営をするときには数字が遅すぎてまったく役に立ちません。

八百屋さんをイメージしてみてください。白菜を売るときに、月末に締めて翌々月の中旬にその状況がわかっても役に立たないうえに、2か月後には在庫である白菜自体は腐っているはずです。1月の末の白菜が100個あるということが、3月の15日にわかったとしても、その時点ではすでに腐って売り物にならなくなっているということなのです。

私は半導体関係の会社に勤めたことがありますが、半導体の価格というのは、当時、価格の変動が激しく、1か月の中で2～3回出荷価格が変わりました。店頭価格はもっと激しく、週に1回、月に4回というようなペースで価格が変わっていくこともよくありました。

そういった値動き、市場の変化が激しい業界において、財務会計というのはほとんど意味を持ちません。なぜなら、1月の末で締めたものが3月の中旬に上がってきても、毎日の実務では何の手も打てないからです。

それを解決するために管理会計が必要になります。それはちょうど八百屋さんが1日に3回店頭で値段を変えるようなイメージです。

昼1個100円だった白菜が売れ残りそうになれば、夕方の5時に90円にし、店を閉める1時間前の7時にまだ残っているのであれば、その白菜は70円、50円と値段が下がっていくはずです。つまり、その日の売上や収支をはっきりさせるために、その日中に価格を変え、売上を決定していくのです。

このように毎日、決算を出して今日の状況を把握し、管理するためのものが管理会計です。それと同じようなことを大きな会社でもやる必要があるということです。もちろん、「在庫がこれだけたくさんある」「毎日の棚卸しなんてできるわけがない」「現金の回収ができない」「お客様からの請求書が来ない」などのたくさんの問題があるとは思います。

しかしそれをいったん、仮でもいいから数字を入れて「このくらいの

売上になる」「これくらいのコストがかかる」「このくらいの利益が出る」というものを確定していく必要があるということです。

　飛行機に乗っていて計器を見ずに飛ぶことができないように、やはり毎日の数字を見ずに経営はできません。より良い経営をする、社員を幸せにする、利益を出すという理念を持つのであれば、数字を見ていく必要があります。

　その経営理念は日次で決算をする、月末で締めたら翌3日以内に決算の数字を出すといった事実に反映されます。つまり、社員を幸せにする経営、高収益の経営を追求するのであれば、より正しい経営数字を毎日把握することが必要になってくるのです。経営理念を数字に落とし込むこと、これも経営理念といえるのです。

第 2 部

さあ経営理念を決めよう

第 4 章

経営理念はどうやって考えたらいいのか？

01 経営理念を考えるために知っておきたいこと

心理学の視点から見た「思考」と「行動」をコントロールする重要性を理解しましょう。

思考と行動の関係を理解する

経営理念をつくるうえで、思考と行動の関係について理解しておく必要があります。

心理学の視点から見ても、思考と行動はお互いに影響し合っています。思考と行動はコインの裏表、車の両輪ともいえます。どちらか1つを良くすれば、もう1つも良くなってきます。どちらか1つを悪くすれば、もう1つも悪くなってきます。

思考・言葉・行動と結果・感情の法則

	悪い		良い
思考	×	変える →	○
言葉	×	→	○
行動	×	→	○
結果	×	変わる →	○
感情	☹	→	😀

「心身ともに健康」という言葉があるように、心と身体は影響し合います。心に悩みを抱えると身体も調子も悪くなることが多く、身体の調子が悪くなれば心も重くなってきます。

また、身体が良いことをしながら（○の行動）、悪いことを考える（×の思考）のはむずかしいですし、頭で良いことを考えながら（○の思考）悪い行動をする（×の行動）のもむずかしいでしょう。

片方がプラスなのに、もう片方がマイナスになるというのはむずかしいのです。たとえば、良いことを思いながら悪いことをする、良いことをしながら悪いことを思うということです。

	影響し合う		逆にはなりづらい	
思考	○	×	○	×
行動	○	×	×	○

「子どもにプレゼントを買ってあげたら喜ぶだろうな」と思いながら（○の思考）、人の物を盗む（×の行動）のはむずかしいのです。同じように、他人に親切にしながら（○の行動）、「今度誰かを騙してやろう」（×の思考）と考えることはむずかしいのです。

行動の中には言葉も含まれます。つまり、いつも良いことを考えている人は良い言葉を使います（○の思考と○の言葉・行動です）。なぜなら、思考が行動（言葉）に表われるからです。同じようにいつも良い言葉を使っていると、考え方も良い考えをするようになるということです（○の思考と○の言葉です）。

さらに、いつも良い言葉を使って話している人は良い行動をするようになり、いつも悪い言葉を使っている人は悪い行動をするようになります。つまり、○の思考・言葉が○の行動を生み、×の思考・言葉が×の行動を生むということです。

人として正しいことをしようという経営理念をいつも「思っている」

人は、人として正しい「行動」をするようになります。そして、人として正しい「行動」をしている人はさらに人として正しい「行動」を繰り返し、習慣になっていくものです。

このように、良い「思い」と良い「行動」を繰り返すと、良い「結果」が生まれ、良い「気持ち」になるのです。これが人生と経営がうまくいっている人の特徴です。

「思考」と「行動」が「結果」と「感情」を生み出すのです。

裏を返せば、悪い「思考」と悪い「行動」が悪い「結果」と悪い「感情」を生み出すことになります。当たり前のことですが、非常に大切なのです。

ここに良い「言葉」と悪い「言葉」を並べてみました。読んでみると自分自身の「感情」、つまり「気持ち」に変化が起こることがわかると思います。

毎日、何を思うか？（言葉、考え方の重要性）

〇 良い言葉	✕ 悪い言葉	〇 良い言葉	✕ 悪い言葉
感謝	憎悪	善意	悪意
愛	暴力	ありがとう	ばかやろう
平和	自殺	ツイてる	運がない
幸せ	病気	いいね	悪い
利他	苦痛	できる	できない
努力	困難	やりたい	やりたくない
謙虚	孤独	楽しい	つまらない
反省	拷問	うれしい	うっとうしい

良い「言葉」を読むと良い「気持ち」になり、悪い「言葉」を読むと悪い「気持ち」になるものです。つまり、**「毎日、何を思うのか」が非常に大切なのです。「毎日、何を話すか」が自分の人生と会社の業績や雰囲気を決めていくのです。**

思考と行動（言葉）をコントロールする

　「思考」とは「言葉」で行なうものですから、「言葉」に注意することです。経営理念とは「思考」であり「言葉」ですから、自分の「行動」と「結果」と「感情」に大きな影響が出ることに注意すべきです。

　「『経営理念をつくると業績が上がる』と言われたから経営理念をつくったけれど、別に業績は変わらなかった」という人がいます。たしかに、経営理念はつくったのかもしれませんが、経営理念に書いてある言葉を1日に1回も「思う」ことがなければ、何も変わりません。経営理念にある「思考」（信念）と「言葉」を、1日のうちに何度も「思い」、「言葉」にすると「結果」が変わってくるのです。

　ですから、自分の「思考」と「行動」「言葉」をコントロールすることが大切です。そして、自分だけでなく社員全員の「思考」と「行動」と「言葉」を良いほうにコントロールすることです。そうすることで会社に良い「結果」が出て、社風が良くなります。

　たとえば、「ありがとうございます」「がんばります」「やります」という言葉が社内にあふれている会社と、一方で「知りません」「わかりません」「できません」という言葉ばかり話している会社があるとすれば、おのずから結果は違ってくると思います。

　社員1人ひとりの「思考」と「行動」「言葉」がまったくバラバラであれば、やはり「結果」はバラバラなものになります。

　たとえば、**カレーハウスCoCo壱番屋の社是**は、「ニコニコ・キビキビ・ハキハキ」。いつもニコニコ笑顔で、キビキビ働き、ハキハキこたえる。この会社では、ニコニコしない、キビキビ動かない、ハキハキこたえない社員は会社にいづらいはずです。なぜなら、「思考」も「行動」も「言葉」も社是、つまり会社が是とする、良しとするものと違うからです。

　経営理念とは社員の「思考」と「行動」に良い影響を与えるものであり、その「思考」や「行動」を共にできる人ですか？　という問いかけでもあります。

02 経営理念を考えるヒント①
自分自身を知る

まず、いまの自分を知ることが重要です。そのために、自己紹介を実際にやってみましょう。

経営理念はいまの自分の状況によって変化する

　本書の第1部（第1章〜第3章）を読めば、経営理念について「知る」ことができます。でも、すべて「わかる」ことはありません。ある程度は「わかり」ますが、言葉の理解の度合いが違っていたり、解釈が違っていたりするものです。

　同じ文章でも、読む人によって解釈の仕方は違います。さらにいえば、同じ人でもその人のいまの状況によって、受け取り方が違ってくるものなのです。たとえば、「全従業員の物心両面の幸福を追求する」という言葉1つとっても、軽く受け取る人もいれば重く受け取る人もいるでしょう。

　「ふーん、まあ普通そうじゃない、だからどうしたの？」と言う人もいれば、「社員を幸せにするって大変なことだよな、責任重大だ」と言う人もいるでしょう。

　また、同じ人でも、業績が順調で、長い間、無事故が続いているときと、工場で社員が大変な事故にあった翌日とでは、「社員の幸福」について思う重みが違ってきます。

　つまり、**人によって、状況によって、言葉に対する解釈の仕方が違ってきます**。ですから、この本を読んでも、読む人によって、その人の状況によって、経営理念に対する考え方がきっと違っています。

　同じ経営者でも、年齢によって考え方も変わりますし、経営した経験年数で、経営に対しても人に対しても考え方は変わります。いつでも変わらないということはないのです。時間も人も変わっていくということ

を考え方の基本に置いてください。

　経営理念について読み、知り、理解したとしても、自分の状況によって受け取り方も違えば、時間によって考え方も変わっていくということです。ですから、ここから気をつけてほしいことは、経営理念を読みながら、一方でいま現在の自分を知ることです。そのためには、自分でやってみることが大切になります。それは、**「話してみる」「文字に書いてみる」**というアウトプットをすることです。

　そうしないと、経営理念をしっかりとは捉えられません。経営理念といわれても、ふわふわっとした感じのする、捉えづらい事柄としか思えないのです。

　読んだだけでは、ただ読んだだけであって、わかったことにはならないいのです。ですから、この章以降は読むだけでなく、実際に話したり書いたりしながら読み進めてください。

　「話してみてください」と書いてあったら実際に1人でぼそぼそ口に出してみてほしいのです。あるいは、近くにいる人に実際に話してみてください。

　経営理念は、単に概念を表明するだけのものではなく、実際の行動と結びついているものです。理念、思考とは行動を起こすもととなるものなのです。そして、行動を通じて感じ、自分の強い思いとなったものが理念となります。思考と行動はコインの裏表です。

　ここから、経営理念をつくる次のステージになります。読み、考えるだけでなく、話し、書くという「行動」を通じてより深化させていってください。

ここでリクエスト！

Q　あなたの自己紹介を1分間でしてください。

　1分間の自己紹介をするために、本をちょっとの間、閉じて（1分程

度)、何を話そうかと考えてみてください。

次に、実際に1分間でひとり言のようにぼそぼそと、1人で「自己紹介」をしてみてください。

> **重要**
> 本当にやってみてください！
> 実際に「やる」ことがとても重要になります

さて、あなたはどんな自己紹介をしたのでしょうか？

私にはわかりません。それはあなた自身の人生であり、あなた自身の紹介の仕方だからです。実は、経営理念にも同じことがいえます。

経営理念とは経営者の考え方そのものです。経営者の強い信念です。人の数だけ人生があるように、経営者の数だけ経営理念があるといってもいいのです。

ですから、経営理念にはこれが正しいという正解もなければ、絶対に間違っているというものもありません。

これから本書の中に、絶対の正解を見つけようとしないでください。それよりも、**「自分はどうしたいのか？」**のほうが重要なのです。

これこそが経営理念が哲学、フィロソフィといわれるゆえんです。

そして、多くの人にとって、「自分はどうしたいのか？」ということは、いままでの人生でも問われることのなかった質問なのです。もちろん、学校では教えてくれません。

つまり、やったことのないことをやることになるので、経営理念をつくるということは非常にむずかしく感じることなのです。

03 経営理念を考えるヒント②
自分の名前を知る

「自分とはいったい誰なのか?」を知るために、自分の名前からもう一度考えてみましょう。

初めに「名前」ありき

　あなたは自己紹介でどんなことを言ったでしょうか?　一般的には、名前、生まれ育ち、出身、趣味、仕事、家族などであると思います。実はこれが大切なポイントとなるのです。

　「あなたは誰か?」と問われると、人はまず、名前を名乗ります。私は坂上仁志(さかうえひとし)です。でも、これはただの呼び名でしかありません。私は海外に行くと"JJ"(ジェイジェイ)と名乗っています。昔、海外に行ったときにあるきっかけで名乗るようになりました。日本語で名前を発音しても外国人にはわかりづらいけれど、短い"JJ"なら覚えやすい、音がいい、"JJ"の"J"は"JAPN"の"J"など、いろいろ後づけで理由をつけています。

　サッカー好きの人はご存じかもしれませんが、日本の代表監督にもなった「ジーコ」の本名は「アルトゥール・アントゥネス・コインブラ」です。「イチロー」の本名は「鈴木一朗」です。つまり、名前とはある意味、ただの記号でしかありません。あなたの名前ももちろん例外ではありません。

　しかし、別の視点から見ると名前は重要です。なぜなら、生まれてから何度も繰り返し自分で口にし、書き、人からも呼ばれるものだからです。

　街を歩いているとき、「鈴木さ〜ん!」と大きな声で呼ばれると、鈴木さんはきっと振り返ります。なぜなら、鈴木さんだからです。それまでの人生でも鈴木さんと呼ばれ続け、自分を鈴木さんと思っているからです。自分を田中さんだとは思っていません。当たり前です。

自分で自分のことを鈴木さんだと認識している。このことが重要なのです。あなたはあなた自身のことをどう思っているか、ということです。

　人間の心理とは不思議なもので、たとえいま、仕事がなくても「無職です」と言わずに「社長です」と言い続けていると、いつの間にか「社長」であるかのように錯覚し始めます。周囲から「社長！」と呼ばれているうちに「社長」の気分になり、「社長」のような行動をとるものなのです。

　つまり、「自分自身をどう思う（呼ぶ）か？」ということが「セルフイメージ」（自己の概念）をつくり上げるのです。同じように、「自分は周囲から何と呼ばれているのか？」という環境が、その人をつくり上げていきます。

■「自分の名前」の意味を知る

　経営理念をつくるうえでは、社長自身を深く知る必要があります。その一番初めが「名前」です。たとえば、坂上仁志という名前を見て、どんな人間かを考えてみましょう。坂「下」さんではない、坂上というのは、坂を上がっていくイメージ、坂の上にいるイメージ……。

　仁志は「仁」と「志」。「仁」は「愛」。仁とは中国思想における徳の1つ。仁愛。とくに儒家によって強調されており、孔子がその中心に据えた倫理規定、人間関係の基本。思いやり。いつくしみ。なさけ。とく

に、儒教における最高徳目で、他人と親しみ、思いやりの心をもって共生を実現しようとする実践倫理……。

「仁」はにんべんに二と書くから、2人という意味、「天」という字も二に人を書くなど、国語辞典で意味を調べ、漢和辞典で漢字の意味を調べることに意味があると思います。

「志」は、ある方向を目ざす気持ち。心に思い決めた目的や目標。心の持ち方。信念。相手のためを思う気持ち。志と欲望は違うものです。志とは「利他の願望」です。欲望は自分を中心とした一時的な欲求であり、野望というとその度合いが強く、大きくなるイメージがあります。

つまり、坂上仁志という人間は、坂を上り、仁と志を持って生きるのです（カッコイイ！）。

そうするとセルフイメージがぐんと上がります。

たしかに、ここに書いたことは1つの解釈かもしれませんが、このように自分の名前を丁寧に調べてみることは自分自身を知る大切なプロセスであり、経営理念づくりの基礎となるものだといえます。

両親に聞く

名前をつけるのは基本的には両親です。昔は、お坊さんにつけてもらったり、おじいちゃんにつけてもらう人がたくさんいました。映画のタイトルにもなった「ゴッドファーザー」とは、本来はカトリックにおける洗礼時の代父（名づけ親）という意味だそうです。

「子を持って初めてわかる親の恩」という言葉があります。どんな親でも初めての子どもはうれしくて、命名に関する本をあれもこれもとたくさん買って読み、子どもへの思いを名前に込めます（2人、3人、4人となるとだんだん面倒くさくなったりしていい加減になるようですが……）。

その親の思いが込められた自分の名前について、ご両親が元気なうちに聞いておくことをおすすめします。

あなたのご両親はご健在ですか？

〈両親が健在なあなたへ〉

　照れくさくもあり、なかなか聞かないものですが、勇気を出して聞いておくことです。両親が亡くなったらもう聞けませんからね。

〈両親が亡くなってしまったあなたへ〉

　昔のことをよく知っている親戚の人や、お兄さん、お姉さんに聞いてみてください。

　当然ながら「自分の名前」は、自分ではつけられないものです。にもかかわらず、その名前を一生背負っていかなければなりません。そこに自分自身の宿命や使命を感じることはありませんか？　それが自分の宿命や使命を象徴しているとしたら、経営理念をつくる際にも、名前を避けては通れません。

　「自分とは誰なのか？」「自分の使命は何なのか？」といった自分自身の深い部分にまで入り込んで、哲学的にその正体を探る必要性が出てくるのです。それは、「自分とはこういう人間だ」というアイデンティティを確立することでもあるといえます。

04 経営理念を考えるヒント③ 生まれ育ちを知る

いつ、どこで生まれ、どんな親兄弟に育てられたかというのは、世界中の全員が違っています。

生まれ育ちの話

　自己紹介ではよく、生まれ育ちを話します。私は、1962年に埼玉県熊谷市で、3人兄弟の末っ子として生まれました。父は洋服屋を営んでいました。祖父は山口県の出身でお寺のお坊さんの家系だったようです。母は群馬県の出身で、代々続く商人の家の長女として生まれました。

　ここでは何がいいたいかというと、自分の生まれ育ちをもう一度、見直してみてほしいということなのです。誰にでも、もちろんあなたにも、両親がいて生まれ育ちがあります。当たり前のことなのですが、それを振り返ってみると自分自身について理解することができます。

　経営理念をつくる当事者としての自分をよく理解しておいてほしいのです。経営理念とは、考え方、信念です。その考え方、信念とはどこから出てくるかというと、もちろん本人の考え方なのですが、それは生まれ育ち、環境などに大きく影響されます。日本に生まれ、両親が日本語で話すから、自分も日本語を話しますが、もし両親のどちらかがアメリカ人でアメリカで育ったなら、英語を話すようになったでしょう。

Q あなたはいつ、どこで生まれましたか？
何人兄弟の何番目ですか？
両親はどんな仕事をしていましたか？
両親はどんな人で、どんな家庭で育てられましたか？

ここでのポイントは、次のようになります。

①いつ

高度経済成長期に20代を過ごした人と、失われた10年といわれる1990年代に20代を過ごした人とでは、経済や社会に対する見方が違ってきます。

あなたは、いつ生まれ、人生に目覚める15歳から20歳の頃、世の中では何が起こっていましたか？

②どこ

東京、大阪、名古屋、京都、札幌、福岡……、それぞれの都市で生まれた人は、その地域の言葉や食べ物、習慣、産業などによって価値観、考え方が変わってきます。

大阪の人は「お笑い」や「たこやき」の中で育ち、京都の人は「おばんざい」や「世界遺産」の中で育ちます。もっと詳しく見てみると、たとえば東京は東京でも、育った地域によって言葉や価値観が違います。「江戸っ子」と呼ばれる下町出身の人と、山の手の出身の人とでは価値観が違うでしょう。

あなたはどこで生まれ、どこで育ったのでしょう？

③兄弟

一人っ子なのか、2人兄弟なのか、3人兄弟なのかで考え方が変わってきます。それも3人兄弟なら何番目なのか、また男女の構成でも違ってきます。男3人兄弟の長男と、お姉さんが2人いる末っ子の長男では、同じ長男でも考え方が違ってくるものです。

男3人で暴れ回って育った長男であれば、「オレについてこい！」という男っぽい考え方が、経営理念になっていくかもしれません。一方、上に2人、年齢も離れたお姉さんがいる中で育った長男であれば、「オレについてこい！」というよりも、「これ、こんなふうにやったらどうかな……ん？」という調整型、合議型を重視する経営理念になるのでは

ないでしょうか？

　もちろん、どういうタイプの考え方かは人によってさまざまですが、少なくとも兄弟の構成が「私、弟、弟」という場合と「姉、姉、私」の場合では人に対する考え方が違ってくることは間違いないと思います。

　あなたが長男なら、長男として扱われて生きることはあなたにとって当たり前ですが、他の人にとっては必ずしも当たり前とはいえません。このことに気づいてほしいのです。

④親の仕事

　「父親はどんな仕事をしていたのか？」は、自分の人生をつくるうえで大きな影響があると思います。自営業、公務員、サラリーマンなど、親の仕事はさまざまですが、とくに商売をしていたかどうかは１つの大きなポイントとなります。

　「父が家で商売をするのを毎日見ていたので、いつかは自分も商売をしようと思っていた」という経営者の話をよく聞きます。また、父はサラリーマンだったが、おじが会社を経営していてよくその会社に遊びに行ったという例もあります。一方、「父も母も学校の先生で、小さいときは経営者になるなんてまったく思ってもみなかった」と、商売とはあまり関係がなかったにもかかわらず社長になったという人もいます。

　あなたは、どんな仕事を見てきましたか？

⑤どんな家庭

　「お父さんが家の中では一番偉かった」という家庭もあれば、「お母さんが一番しっかりしていて家の中を切り盛りしていた」という家庭もあるでしょう。また、「お父さんはいつも『三方良しの商売が大切だ』と言っていた」という「言葉」や「考え方」の影響もあるかもしれません。「お父さんは忙しかったので、おじいちゃんとおばあちゃんに遊んでもらった」という人もいるでしょう。

　また、「両親が共働きでよく１人で遊んでいた」という人もいるかもしれません。日本では1991年には、お父さんが働きお母さんは専業主

婦という世帯と、お父さんもお母さんも働く共働きの世帯がほぼ同じ数になり、その後は共働き世帯の数が多くなっています（内閣府『男女共同参画白書』による）。

あなたの家庭はどんな家庭でしたか？　家ではどんな「言葉」をよく話していたのでしょう？

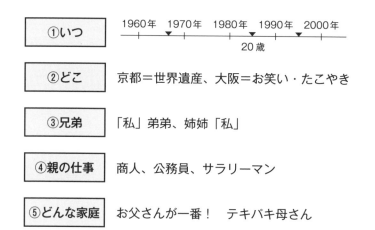

こういった事柄について、自分自身を振り返ってみてほしいのです。

人生は十人十色、百人百様、千差万別です。まったく同じ人生はありえません。したがって、経営理念、つまり考え方がまったく同じになるということも、ありえないのです。

誰でも、自分だけの人生を歩んでいます。経営理念をつくる際、他社の経営理念を参考にすることもありますが、最後の最後は自分の人生を反映させるのです。だから、自分の会社の独自のものとなります。そのことを、このプロセスで感じていただきたいと思います。

なぜなら、あなたの歩く道は、世界中の誰も歩かない、あなただけの道だからです。

家系図と人柄

　誰にでも両親がいます。もちろん、あなたにも。そして、両親には両親がいて、その両親にはまた両親がいる。これも当たり前のことですが、もう一度、確認しておきたいことなのです。

　そうやって、両親を遡（さかのぼ）っていくと、祖先というものを考えることになります。10代遡ると1024人の祖先がいます。20代遡ると104万8576人、30代遡ると10億7374万1824人、40代遡ると1兆995億1162万7776人となります。

```
40代    2の40乗    1,099,511,627,776    1兆
30代    2の30乗        1,073,741,824    十億
20代    2の20乗            1,048,576    百万
10代    2の10乗                1,024    千
```

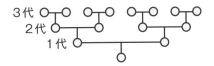

　10代遡るとは、2の10乗になります。自分に親が2人いて、その2人の親にまた2人ずつ親がいる。その4人の人に、また2人ずつ親がいると、2を10回かけることになるので、2の10乗です。同じようにして、20代遡ると、2の20乗になります。さらに、30代遡ると2の30乗、40代遡ると2の40乗です。

　したがって、10代で千、20代で百万、30代で十億、40代で1兆人の先祖がいることになります。1代で20年とすると、40代×20年で、いまから800年前。つまり、鎌倉時代ですが、その時代の日本に1兆人の人口はいないので、そのあたりまでいくと日本人はみんな兄弟なのかと考えざるをえません。

　ここではいったん、3代前まで遡ってみましょう。

　経営者であるあなたにやってほしいのは、両親（2人）と両親の両親

（あなたにとっての祖父母4人）の合計6人の性格を書き出してみることです。

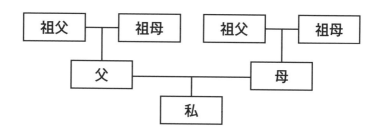

　6人の強み、弱み、その特徴を3つずつでも書き出してみてください。あなたは誰かに似ているはずです。生物学的にはそれぞれの血を引き継ぎ、DNAを引き継いでいるはずです。
　また、私は「桂馬飛び」と言っているのですが、おじいさんに似ていなくても、おじいさんのお兄さんに似ている場合もあります。隔世遺伝にちょっと似た感じですが、可能性としてはそういうこともあります。顔や体つきなど、身体的な特徴が似ていることもあれば、短気なところが似ている、憶病なところが似ている、お金にだらしないところが似ているなど、性格的なこともあるでしょう。
　家系図をつくることが目的ではないので、あまり詳しく調べなくてもいいと思います。とにかく、自分の「出生」「氏素性」「ルーツ」といったものを整理しておくことは、自分を深く知るためには必要な項目の1つといえます。

05 経営理念を考えるヒント④
影響を受けた人や出来事を知る

影響を受けたことを知る３つの視点があります。それは「時間」と「お金」と「人」です。

生まれてから影響を受けたことは？

　自分の生まれ育ちを振り返った後は、生まれてから影響を受けたことを振り返ります。

　自分の生まれ育ちとは、年齢でいうと０歳から６歳、つまり小学校に入る前くらいまでのイメージです。生活は家族を中心としているので、その頃の「自分の世界」とは家族と半径100m程度の狭い世界です。

　しかし、小学校に入ると世界が一変します。いままで会ったことがない人たちに出会い、渡ったことがない道を渡り、行ったことがない場所へ行く。小学校は町の集まり、中学校は市の集まり、高校は県の集まり、大学は日本の集まりというように世界が広がり、影響を受ける人や出来事がたくさん出てきます。

　あなたにも、自分の世界が一変した事柄や、「この人はなんとスゴイのだろう！」と驚いた人などがいたはずです。そうした経験が、あなたの「価値観」をつくったはずです。

　社会人になって初めての上司が人格者で、いろいろと面倒を見てもらったから、いまでは自分より若い世代の人の面倒を見ることで、上司への恩返しをしていると思える人もいるでしょう。逆に、イヤな上司に出会ったことで、そうなるまいと誓った人もいれば、「やり返してやる」と思っている人もいるかもしれません。

　人生にはプラスなこともあれば、マイナスのこともあります。自分の①**人生観**、②**社会観**、③**経済観**に影響を与えた人や出来事を整理してみることをおすすめします。

「社会に出てからこんな人にお世話になった」「こんな人にイヤな目に遭った」ということや、「経済的にこんなに大変なことがあった」「こういったいい仕事ができた」など、具体的にまとめてみることも面白いものです。

時間とお金と人

自分が影響を受けたことを知るには、①**時間**、②**お金**、③**人**という切り口で振り返ってみるといいでしょう。

①時間

自分の人生とは時間の集積ですから、自分が何に時間を使ってきたかを確認してみると、自分の興味や関心がわかります。

たとえば、読書してきたとしたら、どんなジャンルの本が好きだったか、どんな本をたくさん買ってきたか、図書館や本屋に行ったときにどんな本を手にする傾向があるか、といったことを自分で確認してみます。

自分の家の本棚にある本を見るだけでも、ある程度わかります。歴史の本が多い、金融、経済の本が多い、経営の本が多い、セールスの本が多い、などです。

また、スポーツをしてきた時間が長いのか、音楽を聴いたり、室内で過ごした時間が長いのか。さらに、1人でいることが多かったのか、多くの人と過ごしたことが多かったのか。

野球やサッカーのように、集団スポーツを通じて人との関係を学んできたという人もいるでしょう。

一方、ピアノや書道のように個人が主体の芸術的な習い事から多くを学んだという人もいるかもしれません。

やってきたことは人それぞれですが、自分がたくさんの時間を使ったものから、何かを学んできたはずです。その過程で自分の価値観がつくられてきたと思って、振り返ってみてください。

②お金

過去において、自分が一番多くのお金を使ってきたものは何でしょう？　そして、それはいくらくらいでしょうか？

使ったお金は、時間を使ってきたものと比例していると思います。野球が好きで道具を買い、遠征に行き、試合をたくさん観戦してきたのなら、野球に使ったお金はたくさんあるはずです。ある人は、それがゴルフだったり、音楽だったり、人づき合いだったり、お酒だったり、異性だったりします。そして、使われたお金もさまざまでしょう。

このあたり、人生いろいろ、男もいろいろ、女もいろいろなので、どれがいい、どれが悪いというわけではありません。まさに、人それぞれの価値観があり、人生があり、お金の使い方があるわけです。

虚栄心で物を買う傾向がある人もいます。ちょっと気に入ると衝動的に大きな金額の買い物をしてしまう傾向がある人もいます。自己投資をするのが好きな人もいれば、ケチケチしてお金をあまり使わない人もいます。こういった自分の傾向と無意識に行なっている判断基準を振り返っておくことです。

それは、個人のお金の使い方ならば、自由ですが、会社のお金は株式のものであり、金額も大きいので、価値観、つまりフィロソフィが必要になってくるからです。自分のお金の使い方を知ることは、経営をするうえで非常に大切な要素です。

③人

自分が尊敬する人はどんな人でしょうか？　いままで、「この人にならついていきたい！」と思った人はどんな人でしょうか？　その人のどこが良かったのでしょうか？

いままでで、一番嫌いな人はどんな人でしょうか？　その人のどこがイヤだったのでしょうか？

ここにもあなたの判断基準が表われます。しかし、普段はあまり気づかないものです。どうしてそう思ったのだろうと、一度、冷静に振り返ってみることが大切なのです。

尊敬する人、あこがれる人が持っている資質は、あなたがそうありたいと思っているものです。嫌いな人が持っている資質は、あなたがそうありたくないと感じているものです。
　たとえば、尊敬できる人に対して、「あの人は裏表がない、信頼できる」と思うのならば、「裏表なく、信頼できる人になろう」が経営理念の中に出てくる項目かもしれません。
　また、あなたが嫌いな人を「人に対して思いやりがない」と思ったならば、「思いやりがある経営をしよう」が経営の信条に出てくるかもしれません。

　このように、**経営理念はどこか遠いところにあるものではなく、自分自身の体験や日常の中にあることをベースにつくり上げること**をおすすめします。きれいごとを並べるのではなく、実体験から感じたもの、心の底からそう思えたもののほうが、より自分のものになります。そしてそういった言葉のほうが、話すときに嘘がなく、よどみがありません。また、その言葉には人を説得する力があります。
　人間には不思議な力があるようで、「どこか他人事だな」という言葉と、「どこか力がある、本気だな」という言葉の違いを感じることができるようです。
　「甘く、軽く、浅い」経営をする人は、言葉にもどこか「甘く、軽く、浅い」香りがするものです。それはその人の生き方から出てくるものでしょう。そして、自らの生き方を反映する言葉を見つけるには自分の人生をしっかりと振り返り、深く見つめ直す時間が必要になります。そのプロセスこそが、経営理念をつくり上げるプロセスとなるのです。

06 経営理念を考えるヒント⑤
未来（将来像）を知る

子どものように「未来」を語りましょう。なぜなら、あなたが死んでも「理念」は未来へと続いていくからです。

過去から未来へ

こうやって自分の過去を振り返り、改めて整理することで、自分自身をもう一度見直すことができます。しかし、これは過去を見る作業でしたので、ここからは未来について考えてみましょう。

Q あなたはいま、何歳でしょうか？

20代なら、まだ独身かもしれません。
30代なら、結婚をして子どもができた頃でしょうか？
40代なら、子どもが小学生か中学生くらいでしょうか？
50代なら、子どもはもう大学生かもしれません。
60代なら、子どもは社会人になり、結婚しているかもしれません。
70代なら、もう孫がいるかもしれません。

たとえば、あなたがいま、43歳で10歳の子どもがいるなら、10年後にはあなたは53歳になり、子どもは20歳になります。当たり前のことですが、43歳のときには想像がつきづらいものです。同じように50歳のあなたは、10年後に還暦を迎えます。でも、普段はまったくそんなことを考えていないでしょう。

経営理念は「遺言」か？

つまり、人は未来に対して思いがいきづらいのです。なかなか想像が

できない。しかし、経営理念とは会社の未来を考えることです。仮に、あなたが半年後に「死ぬ」ことになったとしたら、あなたはどんな「遺言」を残すでしょうか？

個人の遺言を奥さんや子どもに残すこともありますが、社長として会社に残す遺言が経営理念ともいえます。

自分の身体がこの世からなくなったとしても、経営理念という思想、信念は残ります。お金や名誉を残すより、経営者であれば経営理念を残すことのほうが価値があると考えることもできます。

肉体を持ち、現世に生きているわれわれはどうしても、名利（みょうり）の欲にとらわれがちです。お金が欲しい、名誉が欲しい、いい家やいい車、おいしい食べ物、そして地位や役職、表彰状やトロフィーが欲しくなります。それは事業を拡大するエネルギーでもあるので、大切なものではあるでしょう。そして、多くの人がそればかりを追いかけ、思想や信念、つまり経営理念を後回しにしてしまいがちです。

しかし、その考え方をスパッと断ち切り、いったん、半年後に死ぬことが決まったとして、遺言を会社に残すような気持ちで経営理念をつくってみれば、経営理念にはあなたの「魂」が入ります。

いま、われわれの会社はこういう状況だけれども、**「私は会社をこうしたい」「みなさんにこうあってほしい」「こんな会社でありたい」「こういうことを大切にしてほしい」**という心の底からの思いの集積が、本物の経営理念となるのです。

「そうはいっても、毎日が忙しくて……」と、自分が「死ぬ」ことなど現実味がなく、真剣に考えられないかもしれません。しかし、「一寸先は闇」なので、これを機に、自分の「思い」をまとめてみる。いつ死んでもいい人生、後悔しない人生にするために経営理念という遺言をつくり上げておくことをおすすめします。そして、そのプロセスがあなたの人生をより深く、より密度の濃いものにするきっかけになることを約束します。

07 経営理念を考えるヒント⑥
自分の役割を知る

あなたには、あなたにしかできない、あなただけの役割があるはずです。それに気づきましょう。

つらいときに支えとなるものが経営理念

経営理念を深く、深く考えていくと、「経営の目的は何か？」「仕事とは何か？」「人生の目的は何か？」といった事柄に思いが至ります。

「私たち人間が生きている意味、人生の目的はどこにあるのでしょうか。もっとも根源的ともいえるその問いかけに、私はやはり真正面から、それは心を高めること、魂を磨くことにあると答えたいのです。ですから、『この世へ何をしにきたのか』と問われたら、私は迷いもてらいもなく、生まれたときより少しでもましな人間になる、すなわちわずかなりとも美しく崇高な魂をもって死んでいくためだと答えます」（稲盛和夫／『生き方』サンマーク出版）

「世間は道場である、人間錬成の道場である。私はそう思います」（松下幸之助／『社長稼業』PHPビジネス新書）

「こんなに苦しい思いをしてまで、なぜ経営をしているのだろう？」
「なぜ、私だけがこんな目に遭わなければいけないのだろう？」

そう思いたくなるような大変な出来事に出合ったときに、自分自身を支えるものが経営理念です。
会社を経営していればいいこともあれば、悪いこともあります。とくに企業規模が大きくなればなるほど、いろいろなことが起こります。人

が増えれば問題がある社員がいたり、不正が起こったり、裏切られたりもします。事故や病気に見舞われたり、工場が火事になったりすることもあります。

こんな不条理なことがあっていいものかと思えるようなさまざまな負の出来事が起こったとき、人生に対する確固たる信念があると、その出来事を乗り越えることができるのです。

Q なぜ、あなたは社長なのでしょう？

社長であるあなたにお聞きしたい質問です。

多くの社長が思っていることの1つに「**なぜ、自分が社長になったのだろう？**」というものがあります。「別に、自分が社長にならなくても良かったのに……」「自分が社長になった理由がわからない」というものです。

父親が社長で、子どもの頃から「将来は社長になる！」と決めていた人も多いでしょう。しかし、私は次男だし跡を継ぐ気もなかったという人が、親が倒れて仕方なく家業を継いだケースや、結婚した奥さんの実家が会社を経営していて、その後継者になったというケースもあります。そういった場合は、何もあなたでなくても良かったわけです。「たまたま、そうなった」といったほうがいいようなことがあります。

「**では、いったいなぜ、自分がなったのか？**」と考えると、理路整然とした答えが見つからないのです。

すると、そこはもう「そういう役割だった」としか言いようがない気もします。

実はこういった偶然の産物のような出来事が、世の中にはたくさんあります。

「たまたま経営者になった」「たまたま野球選手になった」「たまたま芸術家になった」「たまたま能楽師の家に生まれて能楽師になった」という人もいます。小さい頃から野球選手になりたかったとノートに書いていた人は、珍しいからテレビで紹介されるのであって、実は少数派な

のです。

100人いれば90人以上の子どもは「将来どうなりたい？」と聞かれても、「ん〜、よくわからない……」と答えるのが現実ではないでしょうか？

しかし、人は誰しも、何かに導かれるようにしてそれぞれの道に進みます。そして、それぞれが仕事に出合い、生きていく。その中で、たまたま経営者に選ばれたのがあなただった、ということかもしれません。

「世界には人口の数と同じ72億個のジグソーパズルがあり、その1つひとつには役割があって、どこかに当てはまるようにできている」と考えることもできます。その1つ、「経営者」と書かれたパズルがあなただったということです。

人には役割がある

「世に生を得るは事を成すにあり」（坂本龍馬）

人間には生まれながらにしてその人固有の「役割」がある。自分の命は何かを成し遂げるために使われるべきである。それが「使命」である。食べるため、お金を稼ぐためだけに命があるのではない。

この言葉には、そういった価値観が表われているのかと思います。

「自分の人生なのだから、好きに生きたらいい。誰にも文句を言われる筋合いはない」と考える人もいると思います。そのとおりです。

ですが、もう少し、長い時間、広い視野で見つめ直してみてください。自分という存在は小さいけれど、小さいなりに何らかの役割を与えられて生まれてきたのではないかと考えることもできます。

100年以上続くある老舗の経営者は、「私にはこの長く続いている会社（老舗）を後世に引き継ぐ『役割』がある」と話してくれました。「たすき」を渡すように、「次の世代にこの老舗をつなぐ責任がある、つぶしてはいけない」と言うのです。また、「老舗を養子として継ぐことは誇りである」と話してくれました。自分の好きな人生だけを歩くのでは

なく、歴史ある老舗の「たすき」をつなげることに誇りを感じ、親に「しっかりやってこい！」と送り出されたそうです。

　やりたいことをやる人生もありますが、**人から必要とされる人生もあるのだと思います。「役割」という考え方があれば、人から必要とされる人生に誇りや意義を感じることができる**のではないでしょうか。野球でも、打順により役割が違い、守備の位置に応じて役割が異なります。映画や演劇でも、俳優にはそれぞれ異なる役割が与えられているように、それぞれの人生に役割があるのでしょう。そして、自分の人生においては、自分が主人公となるのです。

もしすべて自分で決めて生まれてきたとしたら？

　いまの人生をもし、「すべて、自分が決めて生まれてきた」と考えたらどうでしょうか？　突然そう言われても、考えることは少しむずかしいかと思います。

　しかし、いったん想像するだけでもいいのでそう考えてみましょう。

「いまの人生は、すべて、自分が決めて生まれてきた」

　こう考えることで、人生のすべてが自分の責任となるのです。多くの人は出来事を他人のせいにします。自責ではなく他責です。他人に責任があると考えるのです。

「郵便ポストが赤いのも、電信柱が高いのも、すべて社長の責任」

　この言葉は、経営コンサルタントの一倉定氏の言葉です。初めて聞いたときには、意味がわかりませんでした。「郵便ポストが赤いのは社長の責任じゃあないでしょう……」と思ったものです。直接お会いして話を聞いたわけではないので、一倉氏の本意と想像するしかありませんが、つまりは、「人のせいにするな」ということではないでしょうか？

「起ったことをすべて自分の責任と捉えよ」「会社の経営の最終責任者は社長である、逃げるな」というメッセージではないかと思います。

　社長は経営をするうえで、すべての結果に対して責任があります。いっさいの言い訳ができません。その責任に対する覚悟を求めた言葉

が、この「郵便ポストが赤いのも、電信柱が高いのも、すべて社長の責任」というものです。

　この考え方は、社長だけではなく誰の人生にも当てはまることだと思います。

　「自分と未来は変えられるが、他人と過去は変えられない」という言葉があります。

　自分が両親のもとに生まれてきたことをいったん、自分が選んだと思ってみる。いまの仕事を選んだこと、今日現在、社長であることなども、すべて自分で選んだわけです。「〜だったから仕方なく」などと言い訳をてはなりません。

　二代目経営者であれば、自分が採用したわけでもない社員がいて、やりたくもない業種の、やりたくもない仕事をしているのかもしれません。しかし、**プラスもマイナスも含めて、いまの会社の社長になったということを受け入れてみる。いまの状態の責任はすべて私にあると思ってみることです。**

　もちろん、「思え」と言われてもむずかしいことはわかっています。しかし、そう思ってみることで新しい視点が生まれると思うのです。現状をいったん受け入れるところから、未来が生まれる。経営理念とは、過去を思い浮かべるだけのものではありません。

　「これからこの会社をどうしていきたいのか」のほうが何倍も重要です。

　「世間は道場である、人間錬成の道場である」と思い、いまこの状況にある会社をどうやっていけばよくなるのか？　このことを考えることが経営理念をつくることでもあるのです。

　戦略、戦術だけを考えるのではなく、その根本となる経営理念、経営の原理原則を深く考えることが大切なのです。

08 経営理念は誰が考えるものか？

あなたの立場によって、経営理念に対する考え方、接し方が変わってきます。

あなたの立場は？

　この本は、日本にある253万社の中小企業の社長と起業を考えている約80万人を中心に書いています。しかし、読む方によってはいろいろな立場があると思います。そして、その立場によって、考え方、経営理念のつくり方が変わってきます。

①創業経営者
②二代目以降の経営者
③雇われ経営者（サラリーマンだけれども実務をすべてやっている）
④経営者でない人（サラリーマン、起業予定者など）

①創業経営者
　創業経営者であれば、ここに書いてある内容はすべて自分のこととして考えられると思います。経営理念とは「あなた」そのものです。「あなた」以外には経営理念を考える人などいません。「あなた」がこうしたい！　と思ったことが経営理念となり、あなたが「これは○、これは×」と判断するその判断基準が、経営理念となります。
　社長とは「経営理念が服を着て歩いている」人であり、経営理念とは社長である「あなた」そのものです。ですから、先ほど述べた「いつ」生まれ、「どこ」で生まれ、どんな「兄弟」の中で育ち、どんな「親の仕事」だったのか、「どんな家庭」で育ったのかをきちんと振り返ることは、非常に重要になってきます。つまり、自分の価値観の基礎はどう

やってつくり上げられたかを、自分なりにハッキリさせておくということです。

そして、価値観の形成は、①**生まれ育ち**、②**社会人**という2つのステージに分かれます。つまり、20歳までと、それ以降ともいえます。

たとえば、人生80年を春夏秋冬の4つの季節で考えれば、20歳までの春の時期に人生の基礎的な価値観が形成され、次の20年の夏の時期である40歳までに社会人としての価値観が形成されると考えられます。60歳までの秋である人生の収穫の時期に価値観も成熟し、それ以降の冬の時期は人生に確固たる価値観ができ上がるという見方ができます。

このように、少し俯瞰的に、少し長い視点で人生を捉え、いま自分がどこにいるかを押さえておくことも大切です。

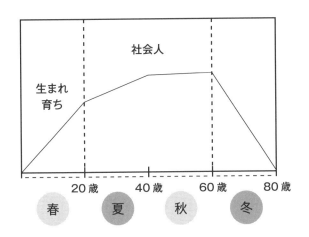

②二代目以降の経営者

二代目以降の経営者の場合は、注意が必要です。なぜなら、自分でつくった会社ではないからです。二代目であれば、先代の社長（父またはおじさんなど）の**「創業の精神」を理解**することが大切です。創業をする、つまり、まったくゼロから会社をつくるというのは、何か理由があるはずだからです。散歩をする程度の気持ちでは、会社をつくることはできません。

「こういった仕事がしてみたかった」「地域の人が困っていたのでこれ

をやり始めた」という思いやエネルギーがあって始めているはずです。もちろん、仕方なく始めたという場合もあるでしょう。しかし、二代目に引き継げるほどの会社であるならば、その規模になるまでにさまざまな苦労をして、そこから何かを学び、理念となるものが見つかったはずです。「創業」をした瞬間ではなかったかもしれませんが、経営を通じて体得した価値観を創業経営者から時間をかけて受け継ぐ必要があると思います。

　創業者があなたの父なら、まずはお父さんと1対1で話をじっくりと聞き、お酒を飲むことなのかもしれません。しかし、あまり話が得意ではない人もいます。そういったときは、お母さんから話を聞くといい場合があります。ちょっと無口なお父さんには、よくしゃべるお母さんがペアになっていることが多いものです。

　また、社内の古株にあたる人に話を聞くことも重要です。たとえば、自分が三代目であれば、社内の古株の人は自分のおむつを取り替えてくれた人ということもありえます。自分は大人になって偉ぶっていたとしても、実際には20〜30年前の赤ちゃんの頃があり、そのときにおんぶしてくれたり、遊んでくれたりした人がいるものです。

　会社に長く勤めてくれている人というのは、結果的に先代の社長と長くつき合っている、長い時間を共有しているということですから、ごまかしがききません。表面的なつき合いではなく、良いところも悪いところもすべてわかっているものです。互いに全人格的につき合う関係といえます。そういった人から、先代の社長の人柄や思いを聞くことは次の経営理念をつくるうえで絶対に必要になってくることとなります。

　二代目、三代目経営者であれば、決して自分だけで経営理念を決めないことです。人に歴史があるように、会社にも歴史があります。たくさんの人の力を借り、たくさんの人と関わり合いながら経営が行なわれてきたということにどれほど思いが至るかが、新しい経営理念づくりをするうえでとても重要となります。

　さらに、お客様、仕入先の中で、重要な人、つき合いの長い人からも先代社長の思いや人柄を聞くことをおすすめします。たくさんの人が関

われば関わるほど、そこにさまざまな物語（ストーリー）が生まれているはずです。それぞれの物語の中に、必ず価値観が現われています。その物語を聞くことで、いままで会社が判断してきた判断基準がわかるものです。

良い話もあれば、悪い話もあるでしょう。しかし、何も知らずに新しい経営理念をつくり始めるのと、たくさんの物語を知ってつくり始めるのとではまったく内容が異なるものになるはずです。事実や物語をベースとして、次のステップに進まれることをおすすめします。

③雇われ経営者（サラリーマンだけれども実務をすべてやっている）

肩書は社長だけれども、株主は別の人でその人が51％以上の株を持っている。肩書は専務取締役だけれども、社長は不在で名前だけ。株は親会社（の社長）が過半数を持っている。そういう人もいると思います。子会社の社長、いわゆる雇われ社長です。

この雇われ社長という立場は、とても良い面があります。経営をする本当のリスクがない中で、経営者がやる実務ができる。そのことで経営を学べます。これから自分で起業して会社をやろうという場合には、何よりも勉強になり、役立つのが、この雇われ社長です。

しかし、一方であくまで雇われ社長なので、お金の借入れなど経済的なリスクをはじめ、経営におけるすべてのリスクを取らなくていいと同時に、取ることができないというマイナスもあります。

また、最大のリスクはサラリーマンであるにもかかわらず、首を切られる可能性があることです。経営者はもともと、結果が出なければその責任を取るのが当たり前です。当然、事業部門の長をやるよりも厳しい目で判断されます。普通のサラリーマンよりは生活の安定が保証されていません。

この雇われ社長という立場は、ある意味むずかしいところがあります。なぜなら、**自分の経営理念よりも、まず、株主や親会社の経営理念が先にある**からです。株主が理解のある人で、「君が好きなようにしていいよ」とほぼ100％任せてくれる、経営については口出しをしないと

いうケースならいいのです。

　しかし、実際はそういう理解ある人はとても少ないものです。雇われ社長であるあなたが独自に経営理念をつくり、社内外に発表しようものなら、大変なことが起こります。株主（親会社の社長）は気持ちがよくありません。

　子会社独自の経営理念をつくったことで、「この会社はお前の会社じゃねえんだ！」といわれて首を切られた人を知っています。

　月次報告で親会社の社長に業績を報告するように、経営理念をつくるときにも適宜、報告する必要があります。

「経営理念をつくりたいと思います。その理由はこうこうこうで……」
「経営理念の素案をつくってみましたがいかがでしょうか？」
「経営理念を発表しようと思いますが……」

　このように何段階かで報連相（報告・連絡・相談）をしておく必要があります。

　たかが経営理念などと思わないでください。経営理念とは経営の根幹ですから、親会社の社長と意見が食い違うと、業績に関係なく嫌な思いをする可能性があります。ご注意ください。

④経営者でない人（サラリーマン、起業予定者など）

　経営者でない人の場合は、経営理念をつくるときに自分自身の歴史や両親のことを振り返っても、いま勤めている会社の経営理念づくりには直結しません。

　しかし、自分が勤める会社の中に１つの会社を運営している、１つの事業部を運営していると考えれば、そこの長である「あなた」の価値観を明確にしておくことは大切になります。

　そのことは、あなたの価値観と会社の価値観が、どのくらい重なっているのかを確認することになるともいえます。しかし、価値観というものは誰でも初めははっきりしないものです。

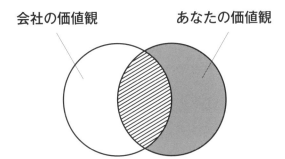

　自分はいったいどうやって判断したらいいのか、何を基準に判断をするべきなのかがわからないと思います。
　さらに、会社の価値観というものは、外からはよくわからないのです。たとえ、経営理念で「社会貢献」と謳っていても、それが社風となっている本当の価値観なのか、表面的な価値観なのかはよくわかりません。
　たとえば、新入社員がある会社に入ったとして、毎朝、「社会貢献」という経営理念を唱和したとしても、現実はそうでないこともあります。新入社員にしてみれば、日々の業務を通じて社内の人と接して初めて、どんな判断基準で仕事が進んでいくのかがわかります。
　想像してみてください。仮に、あなたが転職をして、どこか別の会社に明日、入社したとします。ちょうど、新入社員と同じように会社の価値観、判断基準がわからない状態です。事務手続き的なことは一通り教えてもらったとしても、この仕事をどう進めるのかといった判断基準は、やりながら覚えるしかないことだと思います。
　自分では正しいと思っていたことが、その会社では否定されることがあるかもしれません。そういった**1つひとつの仕事の積み重ねによって、あなたはその会社における仕事の判断基準を覚えていくことにな**ります。実はそれこそが、経営理念、つまり会社の考え方、価値観が反映されたものなのです。
　あなたの価値観は、自分1人でつくり上げたものではなく、20歳ま

での生まれ育ちや社会人になってから自分が属した組織の価値観に大きく影響されています。組織の価値観というのは、１人ひとりの価値観が統合されたものです。ある組織では会社の価値観がそのまま反映されているでしょうし、ある場合は本来の会社の価値観と違う価値観で動いていることもあるかもしれません。

　組織の一員として見ると、ある部門では○なことが、ある部門では×となると、何が正しいのかがわからなくなります。それが、経営理念が浸透していない組織の特徴です。そうなると、組織が活性化されなくなり、仕事の効率も悪くなります。働く人の満足度も下がります。だからこそ、経営理念、価値観が統一されることは大切なのです。

　逆にいうと、価値観が揃っていない組織の価値観を揃えることは時間とパワーのかかることといえるわけです。Ｍ＆Ａで２つの会社が１つになったときには、ある部門では○なことが、ある部門では×となりやすくなります。大企業において、そういった価値観の統一は大切な事柄ではありますが、担当者が１人でできるものではありません。

　経営者でない人の経営理念づくりへの関わりは大切ですが、トップがそういった意志を持たない限り、価値観の統一はむずかしいといえます。

第 2 部

さあ経営理念を決めよう

第 5 章

経営理念を深化させる

01 経営理念を実際につくってみよう

経営理念（例）のポイントに合わせて、一度、経営理念をマネしてつくってみましょう。

「言葉」は自社に合わせて決める

ここまで、経営理念の言葉について考え、自分自身を振り返り、その人生観や価値観に対して理解を深めることに努めてきました。ここから、具体的に経営理念をつくるステージに入りたいと思います。

参考までに、ここで1つの形をご紹介します。あくまでも参考ですので、自分の会社の内容や状態に合わせて変化させていってください。

●経営理念（例）

○○社「経営理念」

全従業員の物心両面の幸福を追求すると同時に、人類、社会の進歩発展に貢献する。

①人間性の追求＝仕事を通じて人格を向上させ、己を磨く
②社会性の追求＝人を幸せにする、人の役に立ち、喜ばれ、感謝されること
③経済性の追求＝公明正大に利益を追求する、利益は継続のための費用である

●三大主義
①お客様第一主義＝お客様の要望に合わせ自社を変える、常に改良改善する

②自立主義＝自分の人生の責任を自分でとる、他責しない、全員参加で経営する

③重点主義＝重要なものに時間と労力を集中する、強みを伸ばす、やらない勇気

● **信条**
- 世界の人々のために最高水準の医療を提供すること
- 地域の人々のために食のライフラインを提供すること
- 人間の心を大切にした、明るく活気のある会社をつくりたい
- お客様、取引先との強く、長い信頼関係を保てる会社でありたい
- 質素倹約して社員の生活を守り続ける会社でありたい
- 人として正しいことをする人間の集まりでありたい
- 努力することを貴ぶ会社でありたい
- 本業に特化し、浮利を追わない経営をする
- どんな小さなところでもいいから、いつもNO.1を目指す
- 業界最先端の技術を追求し続ける

● **社是**
自立・成長・貢献

経営理念（例）のポイント

ポイント❶

「『全従業員の物心両面の幸福を追求すると同時に、人類、社会の進歩発展に貢献する』これ以外に、企業の目的はない」と稲盛和夫氏が言うように、このあたりを経営理念を考える際のスタートとしたいところです。

つまり、「**社員を幸せにし、社会に貢献する会社であるために会社を経営しています**」ということです。

誰でも、「自分だけ良ければいい」と思うところがあるので、その心

を戒めるためにもこの言葉は必要です。つまり、それは利己と利他という考え方です。

「社員が社長のために働く」のではなく、「社長が社員のために働く」という考え方こそ、社長が利己ではなく利他で考えるということです。社長が「社員のために」と思えるかどうかということが大事なポイントです。

ポイント❷

経営を見る視点として、①**人間性の追求**、②**社会性の追求**、③**経済性の追求**という３つの視点を入れてほしいと思います。会社は人間の集まりであり、経済を通じて、社会とつながっているということです。

経営を考えるときに、この３つのどれが欠けても成り立ちません。人間性を欠いた企業は継続しませんし、社会性を欠いた企業は社会から淘汰されます。また、経済性がない企業も存続できません。

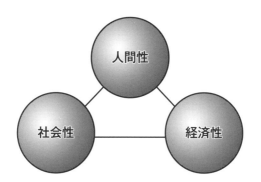

ポイント❸

ここでは「**主義**」「**信条**」という言葉を使いましたが、「クレド」「ウェイ」「モットー」など、自分に一番合っていると思う言葉が一番いいのです。

「○○のために」「□□する」というのはわかりやすい表現です。「○○という人や事柄のために、□□という活動をする」のです。「その目的のためにこの行動をする」というのでわかりやすいのです。

「社訓」なら、「〜すべし」「こうあるべき」というトーンになりますが、できれば「私たちはこうありたい」「こうなりたい」というほうが気持ちがいい気がします。「〜すべし」は"MUST"ですが、「こうしたい」は"WANT"だからです。義務的な感じのする"MUST"と、希望や願望の感じがする"WANT"の違いなのかもしれません。

「**人として正しいことをする集団でありたい**」という言葉は、人としての「**倫理観**」（Ethics）です。この倫理観というものを、経営理念をつくるうえで大事にしてほしいと思います。

経営とは詰まるところ、人が人を相手にする行為ですから、最後は信頼関係が重要になるのです。人は誰でも、ウソをつかない人、ズルをしない人とつき合いたいものです。しかし、現実はそうではないから、みんなが欲しているのです。

その根本が、倫理観です。聞けば当たり前だし、どうってことのないつまらない言葉かもしれません。しかし、それを実行する、そして全社員が実行し続けるということが非常にむずかしいのです。

経営理念はつくるのも大変ですが、つくってから**実際にその経営理念を実行し続けることが一番重要であり、一番むずかしいこと**なのです。

「浮利を追わない経営をする」といっても日本中がバブルに浮かれていたときは、誰もが本業より浮利を追うことに夢中になりました。あのときに、お金があっても株も不動産投資もやらなかったという人はごく少数だったと思います。経営理念がなければ、思いっきり突っ込んでいったことでしょうし、たとえ経営理念があったとしても、その衝動を抑えきれずに手を出してしまったのです。

わかっていてもやってしまう。お酒が好きな人が、「今日はあんまり飲まないぞ」といいながら、2日酔いで後悔するのに似ているのかもしれません。「今日は早く寝て、早起きしよう！」と思っていても、なかなかできないのに似ているのかもしれません。

そういう意味では、経営理念は「弱い自分を縛るもの」といえます。だからこそ、弱い自分を自覚し、間違いが起きないように自戒の言葉を入れておく必要があるのです。

> ポイント❹

　「社是」として、自立・成長・貢献という言葉を入れました。

①「自立」とは、精神的、経済的自立を意味する

　精神的自立とは、他責しないということです。さまざまな事柄を自分以外の責任にしないことです。「売上が上がらないのは商品が悪いから」「買ってくれないのは顧客が悪いから」「会社がうまくいかないのは社員が悪いから」と、いつも自分以外に原因を求めると他責することになります。

　そうではなく、「原因自分」と思うことです。**すべての事柄の原因は自分にある**。別に自分を責めろというのではありません。自分が責任を持つ範囲を極限まで広げるという思考を持つことです。

　「郵便ポストが赤いのも、電信柱が高いのも、すべて社長の責任」と思うことです。会社の業績が悪いのは、社員の責任ではなく、すべて社長の責任と心から納得することが、自立することへとつながっていきます。**「選択自分」「決断自分」「責任自分」「原因自分」**と思うことです。

　一方、経済的自立とは、人に頼らずに経済的にやっていけるということです。個人であれば自分で稼いだ分の収入で生活をする。親の収入に頼りすぎない。経済破綻するような過大なローンを組まない。同じように企業では、会計上**「黒字」**であるということです。収入の範囲内で収支を収める。銀行に頼りすぎない。返済可能な必要な分だけ借りる、といったことです。

　「自立する」「他責しない」「原因自分と思う」という考え方です。

②「成長」とは、昨日の自分を超えることである

　「人として成長する」というキーワードは、個人にとっても企業にとっても大切なキーワードです。

　「成長」とは他人との競争だけに明け暮れるのではなく、**「昨日の自分を超えること」**を自分自身の目標にすることです。本当の競争相手を自

分自身と思うことです。そして、会社で働く期間だけ成長を意識するのではなく、死ぬまで勉強、最期のその日まで人間として成長してゆくことを目標にすることです。

　企業の視点から見れば、**社員の成長こそが企業の成長**です。社員の成長がなければ、会社の成長はありえません。それが、人材が大切だといわれる理由の1つです。

　「**この会社に入ったお蔭で1人でやるより成長できた、多くのことができた**」「この会社に入ったお蔭で、海外でこんな経験ができ、成長できた」と感謝する社員がどのくらいいるかは、会社を見る大切な指標の1つです。

　初めは、仕事で仕方なく企業を100件も回らされたかもしれませんが、それが自分の成長につながったと本人が思えることも多いのです。

　より高いレベルの仕事こそが、人を育てます。人材育成は社員のためでありますが、それがそのまま企業のためになるのです。社員のために社員の教育をしてやっていると考えるより、**会社の成長のために社員教育が必要**なのだという考え方のほうが、お互いに得るところがあるように思います。

③「貢献」とは、人の役に立ち、喜ばれ、感謝されることである

　経営理念をつくるうえで、この「貢献」というキーワードは必須です。貢献とは、仕事を通じて人の役に立つことです。

　たとえば、「この商品は役に立ったよ！」「この店があって良かったよ！」「あなたの会社がなければ困るよ！」と思ってもらうことです。

　それは、人に必要とされることです。そして、人の役に立つことで、人に喜ばれることです。さらに、感謝されることです。「ありがとう」と言ってもらえることです。貢献するとはこういったプラスの、うれしい感情を受け取ることになります。

　貢献するとは与えることなのですが、受け取ることになるのです。**人の役に立ち、喜ばれることで、自分がうれしくなる**。人に「ありがとう」と言われてうれしくなるのです。「人の役に立った、人に喜ばれた、人

に感謝された」ということが、その人のモチベーションを上げます。それが、その人の自己肯定感をつくり、自己概念（セルフイメージ）を上げることになるのです。

　たとえば仮に、腕立て伏せを100回連続でできるようになりたいという自己実現欲求を満たした場合、達成感はありますが、自分1人のことであり、周りの人との関係がありません。一方、「この店があって良かったよ！」と喜ばれることは、自分の達成感だけではない、他者との関係性の中でつくり上げられるものです。

　われわれ日本人はこういった「貢献」「利他」という考え方の中に、とくに幸せや生きがいを感じる高度な感性を持ち合わせているといっていいのかもしれません。

02 経営理念は変えないもの？変えてもいいもの？

絶対に変えてはいけない経営理念と、何度も何度も変わってゆく経営理念はどこが違うのでしょうか？

経営理念の3つのレベル

第3章で、経営理念をタテ軸とヨコ軸で表現しました（42ページ参照）。

経営理念は次の3つのレベルで表わすことができます。

①ゆるい経営理念 ＝ なんとなく判断する、曖昧な考え方
②いわゆる経営理念 ＝ 一般的に経営理念があるといっているもの
③本物の経営理念 ＝ 哲学となっている、信念となっている、言行一致しているもの

また、別の視点から、社長や社員が経営理念について聞かれたときの答えは、次のようになる感じです。

①ゆるい経営理念なら、「ウチには経営理念がない」
②いわゆる経営理念なら、「一応、経営理念はあるよ（でも、言えない……）」
③本物の経営理念なら、「経営理念をもとに経営をしている（きっぱり）」

しかし、「経営理念はありますか？」と聞かれると、①ゆるい経営理念も、②いわゆる経営理念も、③本物の経営理念も、すべてが同じ「経営理念」という言葉なので、お互いに違ったレベルで話していることが

よくあります。

よくある経営理念の誤解の1つに、「**経営理念は1つの短い文章にする**」というものがあります。なんとなく、きれいごとの文章が額に入っているイメージです。これは②いわゆる経営理念であり、③本物の経営理念とは少し違っているといえるかもしれません。なぜなら、経営に対する広い視点（人生観、社会観、経済観）と思いの強さという2つの軸から見ると、少し物足りない感じがするからです。

もちろん、たった1つの文章に経営理念を凝縮させた素晴らしい経営理念もあります。ドラッカーは、「使命はTシャツに書けるくらい簡潔なものであるべき」といいます。「われわれの使命は○○を通じて人を幸せにすること」といった短いものです。しかし、その1文だけではさまざまなことが起こる経営全体に対する判断基準を表わすことはむずかしいかもしれません。

ですから、経営理念を1文だけで表わそうとすることにこだわりすぎずに、より多面的に自社の信念、哲学にあたる領域を表現するようにすることです。そうすれば、社員の数が増えても全社員に会社として大切にする価値観をより具体的に伝えることが可能になります。

過去から未来へ

Q 経営理念は変えてもいいでしょうか？

こう聞かれたら、あなたは何と答えるでしょうか？

「先代の社長の経営理念があるのですが、私が社長になって経営理念を変えていいものかどうか悩んでいます」

「去年、経営理念をつくったのですが、どうもしっくりこなくて経営理念をつくり直そうかと思っているのですが……」

このような人によくお会いします。

答えは、「**経営理念は変えてもいい**」です。理由は、社長が交代すれば社長の人格も変わるので、当然、経営理念＝考え方、信念が変わるからです。

しかし、自社の経営理念の最も根本的な部分については変えないでください。たとえば、「社員を幸せにし、社会に貢献する」という経営をするうえでの根本の部分は変えないようにする。また、「この事業（食品業）を通じて〇〇する」といった事業の根幹の部分は不変かと思います。

一方では、経営理念を変えたほうがいい場合も多いはずです。たとえば、「経営理念の中の社是が３つあるが２つ追加して５つにしたい」「行動指針を書き足したい」「ここの部分はなくしたい」「『〜で〜すべし』を『〜で〜しよう』に変えたい」などはあってしかるべきです。ですから、経営理念の中で変えたほうがいいものは変える勇気を持って変えていってください。

経営理念を深く考え始めると、あれも足したい、これも足したいとなるはずです。「いや、これでは言っていることに整合性がとれないので、これは削ろう」と修正したくもなります。それでいいのだと思います。そうして文章を練り直すことに意味があるのです。

論文を書いた後に文章を推敲（すいこう）するのと同じように、経営理念を書いた後に経営理念を推敲するのです。何度も書いては直し、書いては直す。そのことによって初めて経営理念に厚みが出ます。

経営理念を１日でちょろっとつくろうというのでは、ちょっと虫がよすぎるのかもしれません。たしかに１日でつくり上げるという方法もあります。いつまでも考えていては前に進みませんから、まず、つくり上げる。これは大切なことです。しかし、それだけで終わってはいけません。それでは自分のものになっていないからです。

一度つくり上げたとしても、その経営理念を何度も何度も口に出してみる。口に出してみると、なんとなくこの言葉はおかしいとか、しっくりこないという部分があるものです。そういった部分を加筆・修正しな

がらより良いものにしていってください。

　経営理念をつくる人の文章力やもともとの信念にもよりますが、平均でも30〜50回は修正することになるのではないでしょうか？　多い人だと100回以上直したという人もいるようです。

　こうなると、「**経営理念は変えてもいいのか？**」というより、「**何度変えたら本当の自分の経営理念になるのか？**」という質問のほうが正しい問いといえるのかもしれません。

　寝ても覚めても経営理念のことを考えている。集中して考える期間が3か月。その後、つくり込むのに1年。修正しながらバージョンアップして、社内に浸透させていくのに3年はかかると思っておくくらいで、ちょうどいいかと思います。

03 経営理念づくりは「5W2H」で考えるといい

「いつ」「どこ」「誰」「何」「どう」「なぜ」「いくら」という視点で、経営理念を整理してみましょう。

「5W2H」の視点

「5W2H」とは、「いつ」「どこ」「誰」「何」「どう」「なぜ」「いくら」です。経営理念をつくるときに、この5W2Hの視点で考えることができます。

つまり、次のことが経営理念をつくるポイントになります。

① 「いつ」つくるのか？
② 「どこで」つくるのか？
③ 「誰が」つくるのか？
④ 「どう」つくるのか？
⑤ 「なぜ」つくるのか？
⑥ 「いくらで」つくるのか？

1つひとつ考えていきましょう。

① 「いつ」つくるのか？

『収益結晶化理論』（宮田矢八郎著、ダイヤモンド社）によると、経営理念をつくった時期は、創業時が40％、創業5年以内が19％、6〜10年が12％、11〜20年が10％、20年超が15％となっています（次ページ参照）。

つまり、創業時に経営理念をつくる経営者が40％ということは、半分以下の経営者しか創業時に経営理念をつくらない、またはつくれない

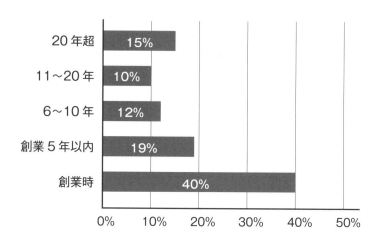

ということを表わしています。

　創業時には、まずは食べることが優先、売上を上げることに必死になっても仕方がない面もあるでしょう。しかし、時間の経過とともに経営理念について考え、6～10年経てば70％を超える経営者が経営理念をまとめています。

　また、何度もお話しているように、本人が経営理念と自覚していないものでも、毎日の判断基準の中には、経営者の理念、考え方が反映されているものです。つまり、経営理念は明文化されていなくても、社長の心の中には存在しています。それが形としてつくり上げられる1つの目安の時期が、6～10年といえるようです。

　また、創業者がつくった経営理念を二代目、三代目が変えることも当然あります。二代目として会社に入り、2年で社長になる場合と、10年かけて社長になる場合でも、経営理念の変え方は違ってきそうです。とくに自分が働き出してまだ短い期間では、社員の考え方や行動がよくわからないでしょうから、経営理念を変えようとするときには注意が必要です。

②「どこ」でつくるのか？

ここでいう「どこ」は、「どこの部門」ということになるでしょうか。一般的には、社長直轄の経営企画室や総務部などになるかと思います。会社の組織によってケースバイケースで変わってくるものです。

③「誰」がつくるのか？

経営理念をつくるのは社長です。これは間違いのないことです。しかし、社長だけがつくるのでは社員はその経営理念を受け入れづらいので、社員と一緒につくることが必要になります。

社長が主導することは大切ですし、そうでなければならないのですが、社長が1人で全部つくり上げたとすると、「それは社長の考え方ではあるが、私たち社員はそう思っていない」となりかねません。反発されると同時に、社長が勝手に言っているとあきれられる感じです。

「いや、違う。経営理念とは社長がすべてつくるものだ」という会社も、もちろんあります。

それが理想的な形です。

しかし、理念をすべてつくることができる社長ばかりではないので、ケースバイケースで考えてください。

社長が主導する場合は、大まかには社長が骨子をつくり、社員と対話しながらつくり込むイメージです。

一番の基本となる部分は、社長が決めます。

「全従業員の物心両面の幸福を追求すると同時に、人類、社会の進歩発展に貢献する」
「わが社は○○な人のために○○の領域で事業を行なう」

「創業の精神は○○」という部分は、社長でないと決められないものです。

一方、「最高のサービスを提供する」という項目を入れるなら、より現場に近い事例を入れて表現するほうがよくなります。そういった場合

は、社長がすべてをつくり込むより現場の社員の意見を聞き、現場の人がわかりやすい表現で伝えていくことが大切になります。

　比率としては、社長がつくる部分が60％〜80％、社員がつくる部分が40％〜20％くらいでしょうか。この比率は決まっているものではなく、社長の思いや、社長の性格にもよるものだと思います。

　社長が大枠を決めて、後は社員のみんなに任せるよ、というタイプならば、社長：社員＝60：40くらいでしょう。しかし、社長の経営理念に対する思いが強く、いろいろと伝えたいというタイプならば、社長の比率が高くなり、社長：社員＝80：20くらいになるかもしれません。

④「何」をつくるのか？

　第1章で紹介した、どれも経営理念と呼べるたくさんの言葉がありました。

　経営理念、社是、社訓、信条、モットー、スローガン、クレド、ウェイ、ミッション、ビジョン、バリュー、原理原則、哲学、基本方針、個別方針、創業の精神などなど。

　ここの言葉選びは、経営理念を初めてつくる人が大変悩むところでもあります。どれもいい気がするし、どれも良くない気もする……。人がたくさん集まれば、1日中議論していられるのではないでしょうか？

　しかし、言葉の定義や考え方の違いだけに時間を使うのはもったいない気がします。それよりも、経営理念の考え方そのものへ議論の時間を使ってもらいたいと思います。

　たくさんの人が集まって話し始めると、どうしても話がいろいろな方向に飛んでしまいます。

「信条とクレドは同じなのか？」
「クレドのほうがカッコいいでしょ」
「クレドとウェイはどう違うんだ？」
「トヨタウェイとは言うが、トヨタクレドとは聞いたことないぞ」
「トヨタバリューってあるのか？」

このように、ある一部の人だけが勝手なことを言って盛り上がるというのではダメなのです。
　このへんの言葉の選択は、社長がさっと決めてしまったほうがいいでしょう。ある意味ではどの言葉も正しいのです。いったん納得しやすいものから始めてみて、途中で修正すればいいと思います。
　たとえば、『京セラフィロソフィ』（サンマーク出版）という本があります。これを同じように『鈴木商事（自社の名前）フィロソフィ』として、自社の経営に対する哲学として箇条書きでまとめてゆくのも1つの方法です。
　つまり、初めはどの言葉でもいいのです。つくる過程が数か月あるのですから、その間に変えていけばいいのです。

例①　信条 ➡ 信条を羅列する（クレドのほうがカッコいいと思うならクレドにする）

例②　基本理念 ➡ 1．2．3……と考え方を箇条書きにする

例③　ミッション、ビジョン、バリュー ➡ 使命感、将来像、価値観の3つにまとめる

例④　フィロソフィ ➡ 羅列する、大家族主義で経営するなど

例⑤　私たちが大切にする考え方 ➡ 1．2．3……とわかりやすい表現にする

例⑥　わが社の哲学 ➡ （例）京セラフィロソフィ＝○○フィロソフィ（わが社の哲学よりフィロソフィがカッコいい、納得がいくと思えばフィロソフィにする）

---

⑤「どう」つくるのか？

　社長が直轄するプロジェクトチームをつくることが必要になります。
　「誰」がつくるのか？　とも関係しますが、社内での人選も大切です。社長が指名する方法もありますし、社内から公募する方法もあります。
　1つの例としては、次のように部門と年齢をマトリックスにする方法があります。

	20代	30代	40代	50代
総務・人事	○			
営業		○		
製造				○
物流			○	
開発		○		

　具体的には、総務・人事部門から1人、営業部門から1人、製造部門から1人、物流部門から1人、開発部門から1人というように、いくつかの部門を横断します。こうすることで、部門ごとの意見が聞けます。

　同じように、年齢も20代、30代、40代、50代と各年齢層に1人ずつは入れたいところです。将来の幹部候補を入れる考え方もあれば、ちょっと最近さえないという人を入れることもあるかもしれません。

　実際には、経営理念という文章をつくることになりますので、ただしゃべるのが得意という人だけでもいけませんし、文章を書くのが得意な人だけでもうまくいきません。人と人との組み合わせを考えたうえで、社長と幹部で人選してください。

　また別のやり方では、ジュニアボードというような若手の20代、30代を中心とした経営理念作成チームをつくる。またはそのチームで勉強するという方法もあります。

　人数が多くなれば、やはりある程度小さいチームでくくり、より多くの頻度で経営理念について学ぶ機会をつくるということが大切になります。

　作成プロセスとしては、次のようなことを覚えておきましょう。

(1)経営理念をたくさん読む（集める）
(2)いいと思うものを選ぶ

⑶マネする
⑷修正する
⑸自社のものとする

経営理念と企業理念は違う

Q 経営理念と企業理念は違うのですか？

　これも多くの人に聞かれた質問です。答えは、「似たものです。でも、厳密に言うと違います」といえます。
　「経営理念は社長が思う経営についての理念」「企業理念は全社員が持つ企業としての理念」といえます。
　つまり、経営理念は社長が思うもの、経営の考え方。企業理念は社長だけでなく、全社員が持つ考え方といえます。したがって、企業理念は「社風」に近い感じになってくるものです。
　しかし、現実は「経営理念」も「企業理念」もほとんど同じ意味で使われていると思います。
　それはちょうど、「彼はおもむろにタバコを取り出した」という言葉の解釈が、「ゆっくりと」と解釈するのか、「突然に」と解釈するのか、ある意味どちらも正しいといえるようなものかもしれません。
　もともとの意味はAであっても、Bという意味で使う人が多くなれば、その言葉はBという意味になっていくのです。言葉の意味は時代とともに変化します。
　21世紀の現代日本で「いとおかし」と言う人はあまりいません。しかし、平安時代は「とても趣がある」という意味でたしかに使われていたということです。
　ここまで極端ではないにしても、言葉の意味は変化する、そして、人によって解釈の仕方に違いがあることを前提にしておくことも大切です。

それよりも、ここで大切なのは、一般的に使われる経営理念という言葉が誤解される可能性があるので、注意する必要があるということです。

　経営理念という言葉は受け取り方によっては、経営者が考える理念であって、社員の考えではないと思われることがあります。ですから、会社からの一方的な押しつけのように思われないようにしないといけません。

　もちろん、本来は経営者が経営についての根本的な考え方を表わしたものが経営理念です。ビクビクしながら「ウチの経営理念はこうなんだけど……」と社員にお伺いを立てるようなものではありません。

　しかし、社是、社訓が「わが社の社員は〜すべし！」と、たくさんの「べし！　べし！　攻撃」をされても社員もいい気はしません。

　「社長こそ、ちゃんとやってくださいよ」と言われて終わりということになりかねません。「それは社長が言っている経営理念でしょ」と思われてしまいます。そうではなく、社員全員が素直に心から思えるものであってほしいのです。

「私たちの会社はこういう会社だ」
「こんな考えで仕事をしている」
「こういうところを誇りに思っている」

　社員の誰に聞いても同じように気持ちよく答えてくれる状態になることが大切です。それが、本来の企業理念という言葉なのかもしれません。

　経営理念と企業理念は言葉の意味が違うところからスタートしたとしても、いまはほぼ同じ意味で使われているといえるでしょう。それよりも、経営者の目線からだけの経営理念にならないように気をつけてください。

ミニ経営者を育てていくのが経営理念

　企業経営では、労使関係という言葉にあるように、使う側と使われる側には埋めがたい深い溝があり、対立するものという考え方が長い歴史上あります。「社員に社長の考えがわかるはずがない」「社長はうまいことを言って社員をこき使おうとしている」とお互いに思っているのです。そして、多くの社長は、「どうすれば社員はついてきてくれるのだろうか？」と疑問に思い、迷っています。

　その疑問と迷いに対する答えが経営理念にあります。社長が自分だけよければいいという利己を減らし、社員のために経営をすると誓い、経営理念で利他を約束する。そして、お互いにパートナーのような関係になれるミニ経営者、松下幸之助の言う「社員稼業」をする自立した人材が育つように、経営理念の中に経営に必要な判断基準、考え方を入れる。その経営思想、経営理念が全社で共有されれば、会社の中に経営感覚を持つ人材が増えていくのです。

　たとえば、経営感覚を持つミニ経営者が会社の中で半分以上になれば、経営の内容はがらっと変わります。「命令したからやる」「来いといえばついてくる」という主従関係を越えて、自分の部門を自立的にマネジメントするミニ経営者を育てていくのが経営理念だといえます。

　社長があれこれ細かい指示を出し続ける経営から、**社員が自分で判断する自立的経営へと、考え方を伝えるものが経営理念**なのです。その経営をする考え方、つまり経営理念が社員の多くに伝わり、企業全体の考え方となったら企業理念といえるのかもしれません。

04 経営理念づくりは「紙1枚」から始める

社長の決意を入れた経営理念を、Ａ4の紙1枚から、2枚、10枚、50枚、100枚へと進化させていきましょう。

経営理念の3つの段階

経営理念のでき上がりイメージを3つの段階に分けてみたいと思います。

①Ａ4の紙1枚の経営理念
②Ａ4の紙2～10枚程度の経営理念(ファイルになったもの)
③手帳(50～100ページのもの)

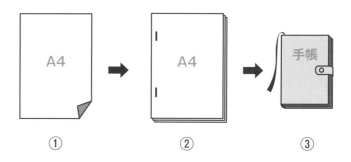

一番初めは、①Ａ4の紙1枚の経営理念をつくることです。初めから気合を入れて、分厚い100ページもあるような経営理念(③**手帳**)をつくろうとするとうまくいきません。

そこには、いくつかの壁があります。

・まず、時間がかかります。つくり始めてから1年はかかるイメージです。

- 人手もかかります。プロジェクトチームをつくって、本業のパワーが割かれます。
- お金もかかります。自社でやるならまだしも外部に発注すると300万～1000万円、高いものだと5000万円くらいかかります。

　売上が1000億円を超えるような大企業なら5000万円でも払えるかもしれません。しかし、売上100億円くらいまでの中堅企業なら外部に丸投げするのではなく、まず、社内で検討することが大切です。

　ましてや、日本の企業の90％を占める売上10億円以下の企業であれば、数百万円も使ってデザイナーを使ったこぎれいな冊子をつくるよりも、経営理念の本質である「思い」の部分に注力することをすすめます。

　でき上がりは、①**紙1枚**⇒②**紙2～10枚**⇒③**手帳（50～100ページ）**と増やしていくイメージがいいと思います。

　①**紙1枚**を1週間程度でつくり、数か月～1年使ってみる。使いながら足したい言葉が出たら追加し、そのつど修正していく。書き足したいことがたくさん出てきたら、その言葉を別のノートに書きとめておいて、ある分量がたまったら、次のステージである②**紙2～10枚**へと進む。同じように追加したい考え方を書きとめておいて、さらに③**手帳（50～100ページ）**へと進化させていくのが確実に進んでいく方法です。

　経営理念は社長の「思い」「思考」をはっきりさせる必要があるので、1日ではできません。ちょうどワインが熟成するように、経営者の思考も時間をかけて熟成されます。**20代で会社を起こした経営者が、30代になってもまったく同じ考えであるはずがないのです。**自分が年齢を重ね、社会経験を積むことで考え方も変わり、人格も変わるはずです。そして、会社の内容や規模も変わっていくでしょう。

　一番の根本となる「全従業員の物心両面の幸福を追求すると同時に、人類、社会の進歩発展に貢献する」という部分は変わらないにしても、事業の領域や、提供するサービスも変化するかもしれません。経営理念は変えてもいいものなのです。変わっていくべきものなのです。

　そう考え、自分のペースで自分の人生を歩くように、自分のペースで

経営理念をつくってください。①紙1枚で1年やり、2年目に②紙2〜10枚つくり、そのうえで③手帳（50〜100ページ）を3年目以降につくるというスケジュール感でちょうどいいかもしれません。あまり急がずに、でも着実に、経営をするのと同じように進んでいってください。

この1週間の時間の使い方

　「成果を上げるための第一歩は、時間の使い方を記録することである。時間を自分で記録する人がいる。秘書に記録してもらう人がいる。重要なことは、実際に記録をとることである。リアルタイムに時々刻々を記録することである。継続して時間の記録をとり、その結果を毎日見ていく」（P・F・ドラッカー／『経営者の条件』ダイヤモンド社）

　ドラッカーは「成果を上げるためには時間を記録せよ」と言っています。この文章を読んだことがある人はいても、実際に1週間の時間の記録をとった人は少ないと思います。つまり、「知ってはいる」けれど、「やってはいない」ことの1つです。

　経営理念をつくるにあたっては、この1週間の時間の記録をとることを一度やってみてください。記録はウソをつきません。私もやったことがあるのですが、その結果に驚きます。自分が思っていることと、実際にやっていることはずいぶん違うものだからです。

　たとえば、まず今日1日の記録だけをとってみるといいかもしれません。朝、今日は10時に鈴木さんに会う、会議の資料をつくる、佐藤さんに会う前の準備、納期の確認、16時に田中さんに会う、19時に飲み会……といった予定を確認できると思います。

　しかし、実際に記録をとると、鈴木さんに会う、田中さんに会う、飲み会、という人に会う予定だけはこなしていても、誰にもチェックされないことはやっていないということがよく起こります。重要だけれども緊急でない仕事が先延ばしにされていくのです。

　そして、「お客様への訪問」も、やろうやろうと思っていても、「やら

ない」「先延ばしにされる」ことの1つです。こういったことは記録をとるとはっきりします。

社長になると、誰も叱ってくれません。誰にもチェックされずにずっと過ごしていると、いつの間にか自分に甘くなってくるものです。しかし、本人だけがそれに気づいていないのです。

仕事や勉強会と言いながら、ただ飲み会に参加するだけになっていないか？　今週、お客様何人と話したのか？　自分が仕事と思っているものは本当に価値を生んでいるのか？　そういったことを、自分の記録を見ながら振り返ってみることは大切です。

自分の行動の記録は事実です。その事実に対して、言い訳をすることなく素直に振り返ることが大切です。そこにあなたの価値観が表われます。自分の遠い過去を振り返ることがむずかしくても、1週間を振り返ることや、昨日1日を振り返ることならできると思います。その記録を見ながら、それを自分ではなく第三者の記録として見て、あなたがその社長（＝あなた）にアドバイスをしてみてください。

> **Q** あなたはこういうことによく時間を使っているね、なぜだろう？
> これにこんなに時間を使う目的は何だろう？
> この時間を半分にすることはできないのか？

こういった自分自身との対話の中から、自分の価値観や弱さが見えてくるかもしれません。

「社長の決意」を書く

経営理念をつくるうえで非常に大切であるにもかかわらず、どの本にも書いていないことがあります。それは、**「社長の決意」を書く**ことです。

大切なことなので書いておきます。経営理念の手帳をつくるなら、その中に入れておいていただきたい内容です。たとえば、このようなもの

です。

　社長である〇〇〇〇（自分の名前）は社員の皆さんに対し、以下の約束を守ることを誓います。この約束を破ったら、社長を辞めます。

社長の約束

> 私は命をかけてこの会社と社員の皆さんを守ります。
> 社員の皆さんが物心両面の幸福の追求ができるように、経営理念を高め続けます。
> 社員を守るために、率先垂範します。
> 社員を守るために、社内の誰よりも働きます、努力します。
> 最低でも1日12時間＊週6日、年間3500時間以上働きます。
> 社員を守るために経常利益率10％以上にします。
> 業界を、日本を、代表する会社になります。
> 両親や友人に胸を張って話せる会社にします。
> 人として正しいことを経営の判断基準にします。
> 会社を人間的成長の場とし、立派な日本人を育てます。
> 100年後の日本人に感謝され、尊敬される会社にします。
> 会社の物、お金をいっさい私用に使いません。
> 朝、絶対に遅刻をしません（朝は始業1時間以上前に出社します）。
> 会社のためにならない夜のつき合いやゴルフはしません。
> 判断力を鈍らせないために、夜22時以降はお酒を飲みません。

　きついですね。この内容を書いて社内に貼り出せる経営者は1000人に1人もいないかもしれません。しかし、どれか1つでも自分自身の決意として宣言し、実行し始めると会社のレベルは確実に上がります。

05 経営理念づくりの手順と作成フォーマット

はじめはマネで構いませんから、ここで紹介するフォーマット（例）に沿って経営理念を書いてみましょう。

経営理念づくりはマネから入る

　経営理念とは何か、どう大切なのかがわかったとしても、つくるのが大変だと思っている人が大半です。または、つくり始めたが途中でやめたという人が多いのです。

　「大切だよな、つくらないとな」と思いながら時間が経ってしまうより、100点満点でないにしても一度つくってしまうことをおすすめします。

　そのときのポイントは、「**自分で全部つくらずにマネる**」ということです。

　初めから自分で全部つくろうとするから、できないのです。そういうときはマネればいいのです。「えっ、そんなのでいいの？」と思われるかもしれませんが、いいんです。ないよりはずっとましです。昔、松下電器産業（現・パナソニック）は「マネした電器」と言われたくらいです。気にせずマネしてください。

　「本当にマネでもいいのか」と、どこかに少し後ろめたさのようなものがあるかもしれません。しかし、そのことはあまり気にしなくてもいいと思います。たとえ初めはマネしただけの経営理念であっても、毎日そう思い、その言葉を口に出していると、そういう行動になり、結果が出てきます。

　もちろん、マネる経営理念は自分がいいなと思う、共感できる言葉でなければなりません。自分が共感できる言葉であれば、毎日思い、言葉にするうちに徐々に自分の言葉となってきます。

　もともと、人間は言葉を覚えるときもマネることから始まります。赤

ちゃんもそうです。また、大人になって外国語を身につけようとするときには、まずマネることです。外国語を習うときには、初めは意味がわからなくてもいいのです。意味をあまり考えずにとにかく聞き、話し言葉にすることが大切です。

これと同じことが経営理念にもいえるのです。**初めはただのものマネかもしれませんが、言葉にするうちにしっくりなじんできます。**

もし、しっくりこない、なんとなく違うと思うなら、その経営理念を変えればいいのです。言葉をすべて変えてしまってもいいですし、一部を修正して使うのでもいいのです。それは、マネして話し続け、使い続けて初めてわかるものです。

しかし、いつまでもマネした経営理念だけではいけませんので、自分なりに考え、少しずつ直していってください。

もう一度、振り返ってみよう

本を読み進めると、初めのほうに書いてあったことを忘れてしまうものです。もちろん、私もそうです。

ここで、自分でマーカーを引いたところを一度振り返ってみてください。マーカーを引いたということは、自分にとって印象に残ったということです。

経営理念 ＝ management principle ＝ 経営の原理原則、主義、根本方針
経営理念 ＝ management philosophy ＝ 経営哲学、経営観
経営理念の目的をハッキリさせることが大切。人間性、社会性、経済性の追求。利己ではなく利他。なぜ、何、どう。自分の生まれ育ちを知る……

ここで、実際に自分で経営理念をつくるステージに来たのでもう一度、根本の根本に戻って「経営理念とは何か？」をはっきりさせておきましょう。

経営理念とは、「経営の原理原則、主義、根本方針」「経営哲学」「経営観」です。誰に話しても恥ずかしくない「私は強くこう思っている」ということです。そのことを一番の原点として経営理念をつくると、いま決意してください。
　そして、「経営理念の作成に100％正解のものはない、人それぞれの人生が違うように経営理念もそれぞれ違う、間違っていたらまた直せばいい」と、少し開き直ってやり始めてみてください。大丈夫です。安心してください。
　お手元に紙とペンは用意できましたか？　実際にいま書くことが大切です。では、進めてみましょう。

(1) 経営の目的

　経営理念の一番上に書くこと、つまり経営の目的は「社員を幸せにすること」と「仕事を通じて社会に貢献すること」でした。「自分だけが金持ちになればいい」という利己を少なくすることが、結果的に経営を良くすることになるからです。少し丁寧に書くと、こうなります。
　経営理念とは「全従業員の物心両面の幸福を追求すると同時に、人類、社会の進歩発展に貢献すること」、これが1つ目です。

(2) 事業領域

　もう少し具体的な事業領域、つまりどんなことをするのかを表わす言葉を入れるポイントはこれです。
　「〜で人を幸せに、〜で世の中に貢献する」
　つまり、「ITで人を幸せに」「食を通じて世の中に貢献する」というような項目を入れることです。
　自分の会社の事業内容、仕事内容を入れます。ものづくりを通じて、不動産を通じて、自動車の販売を通じて、広告を通じて……となります。変えることのない事業領域といえます。

(3) 使命観（ミッション）

「〜のために、〜する」（誰かのために、ある目的のために、〜をする）という考え方です。これは事業領域を指すこともあれば、社会において果たす役割や会社が社員に対して果たす役割を指すこともあります。

　Googleの使命は、**世界中の情報を整理し、世界中の人々がアクセスできて使えるようにすること**です。

　リンナイ企業の使命観は、こうです。

　リンナイは『熱』を通じて『快適な暮らし』を社会に提供します。

　久光製薬の企業使命は、「**貼る治療文化を世界へ**」です。

　それぞれ素晴らしい考え方です。しかし、われわれ凡人にはすぐにこういった言葉は浮かびません。ですから、いくつかの経営理念の例を本で探すか、WEBで検索して探すことです。

(4) 経営理念の例を10社程度探す

　図書館に行って経営理念の本を借りるか、WEBで「自分の業界名　企業　使命」で検索してみてください。自分の業界名とは製造、不動産、自動車販売などです。つまり、「製造　企業　使命」や、もっと絞り込んで「自動車部品　企業　使命」といった方法で検索してみることです。

　または「経営理念ドットコム」で検索すると、1600社以上の経営理念を集めたサイトがあります。自分の事業内容に近い企業の経営理念の例をその一覧から探すこともできます。その中から「これ、いい！」「そのとおり！」と思えるものを2〜3個書き出します。これで、使命の候補ができ上がります。

(5) ビジョン（将来像）

　これは「〜でNO.1になる」と、一度決めてみてください。「自動車の製造でNO.1になる」としてしまうと、トヨタには到底勝てませんから、そこまで大きなものにしないことです。

　「**地域NO.1宣言**」が一番妥当です。日本一では大きすぎるので、県

でNO.1を目指す。それがむずかしいようなら、市でNO.1。それもむずかしいようなら、区でNO.1というように、まずはできるところから小さく絞ってNO.1を目指すことです。これなら誰にでもできます。

「地域NO.1」が当てはまらなければ、「業界」や「～の商品」でNO.1にすればいいのです。弱者が強者に勝つ最強のルールである、ランチェスター戦略の鉄則です。小さなNO.1を目指すことです。そして、だんだんと大きなNO.1、つまり日本一を目指していけばいいのです。

(6) バリュー（価値観）

この価値観、そして判断基準の中に社是、社訓、信条などが含まれるといっていいのです。総括すれば、すべてが価値観だからです。しかし、これをつくるのが大変なのです。

多くの人が、ここでつまずきます。「初めは何を書いたらいいかがわからない、少しわかるとあれもこれも入れたくなる」というものです。これこそ、他社の経営理念で「これ、いい！」「同感！」と思ったことをそのままマネしてください。

いろいろ変えようと、するとできなくなります。いいものはマネをすればいいのです。間違っていたら直せばいいのです。

「それ、いいね！」「あっ、そっちもいいね～」というお調子者がいますよね。「いい加減な奴だな～」と思われる感じの人。そんないい加減さで、いったん「自分がいいと思った価値観」を決めてください。日本人はマジメすぎるので、そのくらいでいいのです。

(7) いったん書き上げる

巧遅拙速という言葉があります。巧みに遅くやるより、稚拙でも速くやるという意味です。経営理念のつくり方では、まさにこの巧遅拙速をおすすめします。

(1)～(6)の手順で書き出してみてください。ミッション、ビジョン、バリューの3項目で100点満点ともいえません。しかし、思っていること

を「書き出して形にする」という行為が大切なのです。

　真剣に考え過ぎて決まらないより、立ち止まらないこと。間違っていてもいいから、一歩でも前へ進むことを優先してみてください。

経営理念作成フォーマット

　Ａ４の紙１枚で経営理念をつくるフォーマットを用意しました（144ページ参照）。その内容と参考になる言葉を対比させておきますので、これに沿って、１日を目途につくってみてください。

手順1.　10以上の経営理念を読む、マーカーを引く
手順2.　「経営理念作成フォーマット」に合わせてマーカーを引いた言葉を入れ込む
手順3.　10回声に出して読んでみて、修正する（削る、足す）
手順4.　親しい友人（社長含む）3人に読んで聞かせる

　10回直すと１つの形になります。100点満点を目指さず、まずは60点から始めてください。
　また、できれば奥さんに読んで聞かせましょう。ここが一番ハードルが高いかもしれません。
　「何カッコつけているの？」と言われても怒らないことです。社員の心の声と思うことです。女性社長の場合は、友人の社長をおすすめします。

ウチにはそんな経営理念なんていらない……

　「私の会社は会社というほどでもないんで、夫婦でやっているだけなんです。だから、経営理念なんていらないんじゃないかと思っています」という人もいるかもしれません。
　しかし、試しに経営理念作成フォーマットを使って、自分の思いを紙

に書き出してみてください（例は145ページ参照）。自分が気づいていないことを発見できると思います。

さらに、その思いを紙に書き出して家族やお客様に話すことで、自分自身のモチベーションが上がるものです。仕事をやる意欲がわいてきます。

たったこれだけの言葉ですが、自分がやる仕事に誇りを持つきっかけになります。より多くの人に役立てるように、営業を始めるかもしれません。「これでいいや」と思いたくなるときに、もう一歩がんばろうと思えるかもしれません。そういった自分自身を励ますものが経営理念でもあります。

さらに、お客様への約束事、自分自身への約束事を盛り込んで、常に向上できるような指針にすることをおすすめします。

経営理念作成フォーマット	
経営理念	＊〜で人を幸せに、〜で世の中に貢献する
ミッション （使命）	＊〜のために、〜する（誰かのために、ある目的のために）
ビジョン （将来像）	＊〜でNO.1になる
バリュー （価値観）	＊〜でいたい、すべし
社訓	＊〜すべし
信条	＊行動する、〜を目指す、〜を追求する、〜を徹底する
モットー	＊〜で働く、〜でいる
スローガン	＊元気！　〜でいよう（覚えやすいもの）
クレド	＊〜します、〜を約束します、〜を大切にします
行動指針	＊〜します、〜努めます　（どのように行動するか）

夫婦2人でやっている店の場合（例）	
経営理念	*～で人を幸せに、～で世の中に貢献する 　マッサージを通じて人を幸せにしたい
ミッション （使命）	*～のために、～する（誰かのために、ある目的のために） 　地域の人のためにリラックスできる場を提供する
ビジョン （将来像）	*～でNO.1になる 　心と身体を癒すマッサージで信頼度 　地域NO.1になる
バリュー （価値観）	*～でいたい、すべし 　お客様に愛されるお店でいたい 　お客様の身体と心に意識を集中する 　より高い技術の習得に日々努める
社訓	*～すべし 　お客様になくてはならないお店であるべし 　顧客満足の追求
信条	*行動する、～を目指す、～を追求する、～を徹底する 　「よかったよ、また来るよ」と言ってもらえる 　サービスを徹底する
モットー	*～で働く、～でいる 　いつも笑顔で楽しく働き、より多くのお客様に 　喜んでもらおう
スローガン	*元気！　～でいよう（覚えやすいもの） 　いつもリフレッシュ！　リラックススペース川崎 　お帰りなさい！　リラックススペース川崎
クレド	*～します、～を約束します、～を大切にします 　お客様との心と身体と言葉の対話を大切にします 　会計処理はその日のうちにきっちりと、 　ごまかさずに会計します
行動指針	*～します、～努めます　（どのように行動するか） 　プロとしての誇りを持って、 　いつでも技術の向上に努めます

第2部　さあ経営理念を決めよう

第5章　▼　経営理念を深化させる

06 経営理念はつくるともっと良くしたくなるもの

100年以上の歴史の風雪に耐えた「言葉」には、人生・仕事の本質をつくものがあります。

「巧遅拙速」で書き出してみることこそ最も大切な戦略

　経営理念を「巧遅拙速」でまず1枚つくることから始めたと思います。しかし、経営理念というものは「つくるともっと良くしたくなる」という不思議な特徴があります。

　そのためにも、より多くの、より良い経営理念や価値観にふれてほしいのです。経営理念は日本語ですが、外国語だと思うといいでしょう。フランス語をゼロから習うのと同じように、何度も繰り返して話す、言葉にしてみることが大切です。

家訓を参考にする

　家訓とは「守るべきものとしてその家に伝わる戒めや教え」と辞書にあります。ここでいくつか家訓を紹介しながら、経営理念を考えていきたいと思います。

　家訓とはその家の「訓」、つまり「教え」です。経営理念とむずかしく考えずに、自分の家の考え方、つまり「家訓」を経営理念と考えればいいともいえます。「これだけは大切にしろ」「こういったことはやってはいけないぞ」とおじいちゃんやおばあちゃん、お父さんやお母さんが言っていた言葉をまとめればいいのです。

　豊田家や安田家の家訓がいまのトヨタ自動車や旧安田財閥系列の企業の経営理念に受け継がれていることを考えれば、わかりやすいかと思います。中小企業であればなおさら、家訓の延長線上に経営理念があると

思えばいいのです。

ですから、あまりカッコいいことばかりを考えずに、「人として正しいこと」をベースに「仕事をするうえでの約束事」「気をつけること」を書いていくことです。

経営理念とはあなたの「遺言」です。先祖から伝わる家訓にあなたの遺言、つまり経営理念を足して新しい家訓、つまり経営理念をつくると思えばいいのです。

自分が創業社長であれば、その会社の経営理念は自分で新しくつくります。しかし、創業社長であるあなた（仮名：佐藤さん）は佐藤家で生まれたわけですから、佐藤家の家訓があるはずです。両親や祖父母の思想を確認すれば必ず、見つかるはずです。創業社長であるあなたがつくった会社は、佐藤家の影響を受けているはずです。

次に、二代目、三代目の経営者の方は、①**先代の社長の思想、経営理念**を確認し、さらに遡って②**先々代の家訓を確認**して、③**自分なりの経営理念と融合**させる必要があります。

金剛組「家訓」

お寺お宮の仕事を一生懸命やれ
大酒はつつしめ
身分にすぎたことをするな
人のためになることをせよ

578年の創業で世界最古の企業、金剛組の家訓です。内容は「仕事を一生懸命やれ」「大酒はつつしめ」「節制しろ」「利他をせよ」の4つです。

竹中工務店「礼是」

正道を履み、信義を重んじ堅実なるべし
勤勉業に従い職責を全うすべし
研鑽（けんさん）進歩を計り斯道（しどう）に貢献すべし
上下和親し共存共栄を期すべし

竹中工務店は400年以上続く企業です。言っていることはシンプルです。「正道、信義、堅実」「勤勉」「研鑽進歩、貢献」「上下親和、共存共栄」です。

安田善次郎「家訓」

主人は一家の模範なり。
我よく勤めなば衆なんぞ怠（おこた）らん
我よく倹（けん）ならば衆なんぞ奢（おご）らん
我克（よ）く公（こう）ならば衆なんぞ敢（あ）えて私（わたくし）せん
我克（よ）く誠（せん）ならば、人なんぞ偽（いつわ）らん

日本四大財閥の1つ、100年以上続く老舗です。「主人は模範」「勤勉」「倹約」「公」「誠」であることです。

豊田佐吉「遺志」

一、上下一致、至誠業務に服し、産業報国の実を挙ぐべし
一、研究と創造に心を致し、常に時流に先んずべし
一、華美を戒（いまし）め、質実剛健たるべし
一、温情友愛の精神を発揮し、家庭的美風を作興（さっこう）すべし
一、神仏を尊崇し、報恩感謝の生活を為（な）すべし

トヨタグループ創設者・豊田佐吉の遺志を受け、トヨタの企業理念がつくられています。素晴らしい理念の伝承です。

トヨタ「基本理念」

1. 内外の法およびその精神を遵守し、オープンでフェアな企業活動を通じて、国際社会から信頼される企業市民をめざす
2. 各国、各地域の文化・慣習を尊重し、地域に根ざした企業活動を通じて、経済・社会の発展に貢献する

3．クリーンで安全な商品の提供を使命とし、あらゆる企業活動を通じて、住みよい地球と豊かな社会づくりに取り組む
4．様々な分野での最先端技術の研究と開発に努め、世界中のお客様のご要望にお応えする魅力あふれる商品・サービスを提供する
5．労使相互信頼・責任を基本に、個人の創造力とチームワークの強みを最大限に高める企業風土をつくる
6．グローバルで革新的な経営により、社会との調和ある成長をめざす
7．開かれた取引関係を基本に、互いに研究と創造に努め、長期安定的な成長と共存共栄を実現する

（注）「どのような会社でありたいか」という経営理念をまとめたものが「トヨタ基本理念」。基本理念を実践するうえで共有すべき価値観や手法が「トヨタウェイ」。「トヨタ行動指針」は「ルールを守り誠意ある行動を行う」ための基本的な心構え。

人としての生き方を参考にする

ここからは人としての生き方、倫理観的な内容です。

什（じゅう）の掟

一、年長者の言ふことに背（そむ）いてはなりませぬ
二、年長者には御辞儀をしなければなりませぬ
三、虚言を言ふことはなりませぬ
四、卑怯な振舞をしてはなりませぬ
五、弱い者をいぢめてはなりませぬ
六、戸外で物を食べてはなりませぬ
七、戸外で婦人と言葉を交えてはなりませぬ
ならぬことはならぬものです

（注）什は、会津藩における藩士の子弟を教育する組織。同様の組織に薩摩藩の「郷中（ごじゅう）」がある。

郷中教育の思想（郷中の掟より）

武士道の義を実践せよ
心身を鍛錬せよ
嘘を言うな
負けるな
弱いものいじめをするな
質実剛健たれ

フランクリンの13の徳目

節制 ＝ 飽くほど食うなかれ。酔うまで飲むなかれ。
沈黙 ＝ 自他に益なきことを語るなかれ。駄弁を弄（ろう）するなかれ。
規律 ＝ 物はすべて所を定めて置くべし。仕事はすべて時を定めてなすべし。
決断 ＝ なすべきをなさんと決心すべし。決心したることは必ず実行すべし。
節約 ＝ 自他に益なきことに金銭を費やすなかれ。すなわち、浪費するなかれ。
勤勉 ＝ 時間を空費するなかれ。つねに何か益あることに従うべし。無用の行いはすべて断つべし。
誠実 ＝ 詐（いつわ）りを用いて人を害するなかれ。心事は無邪気に公正に保つべし。口に出ですこともまた然（しか）るべし。
正義 ＝ 他人の利益を傷つけ、あるいは与うべきを与えずして人に損害を及ぼすべからず。
中庸（ちゅうよう）＝ 極端を避くべし。たとえ不法を受け、憤（いきどお）りに値すと思うとも、激怒を慎むべし。
清潔 ＝ 身体、衣服、住居に不潔を黙認すべからず。
平静 ＝ 小事、日常茶飯事、または避けがたき出来事に、平静を失うなかれ。

純潔 ＝ 性交はもっぱら健康ないし子孫のためにのみ行い、これに
　　　　ふけりて頭脳を鈍らせ、身体を弱め、または自他の平安な
　　　　いし、信用を傷つけるがごときこと、あるべからず。
謙譲 ＝ イエスおよびソクラテスに見習うべし。

（注）ベンジャミン・フランクリンはアメリカの政治家、物理学者。アメリカ合衆国建国の父の1人といわれる。自らの信念を13の徳目にまとめ、毎週、1週間1つの徳目を読み、自分の規律とした。年に4回この過程を繰り返し自分の理念を高め続けた。

教育勅語の十二の徳目

孝行　親に孝養を尽くしましょう
友愛　兄弟・姉妹は仲良くしましょう
夫婦ノ和　夫婦はいつも仲睦まじくしましょう
朋友ノ信　友だちはお互いに信じ合ってつき合いましょう
謙遜　自分の言動を慎みましょう
博愛　広くすべての人に愛の手を差し伸べましょう
修学習業　勉学に励み職業を身につけましょう
智能啓発　知識を養い才能を伸ばしましょう
徳器成就　人格の向上に努めましょう
公益世務　広く世の人々や社会のためになる仕事に励みましょう
遵法　法律や規則を守り社会の秩序に従いましょう
義勇　正しい勇気をもって国のため真心を尽くしましょう

万人幸福の栞17カ条（一般社団法人倫理研究所）

1．今日は最良の一日、今は無二の好機
2．苦難は幸福の門
3．運命は自らまねき、境遇は自ら造る
4．人は鏡、万象はわが師
5．夫婦は一対の反射鏡
6．子は親の心を実演する名優である

7. 肉体は精神の象徴、病気は生活の赤信号
8. 明朗は健康の父、愛和は幸福の母
9. 約束を違えれば、己の幸を捨て他人の福を奪う
10. 働きは最上の喜び
11. 物はこれを生かす人に集まる
12. 得るは捨つるにあり
13. 本を忘れず、末を乱さず
14. 希望は心の太陽である
15. 信ずれば成り、憂えれば崩れる
16. 己を尊び人に及ぼす
17. 人生は神の演劇、その主役は己自身である

「100年つき合う」と考えよう

　私は、「老舗はなぜ、長く続くのだろう？」と興味を持ち、たくさんの老舗の経営者に会いに行きました。経営理念、家訓など学ぶことが多かったのですが、中でも「なるほど！」と思ったことは「長い視点で物事を見ている」ということでした。

　自分を中心に、祖父母の代、つまり上に2代分、そして、孫の代、つまり下に2代分で合計5代分の時間の長さを感じさせます。1代が30年とすると上に60年、下に60年で120年分の時間を視野に入れている感じです。老舗同士のつき合いというのは100年以上続いています。

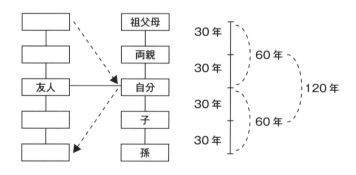

ある老舗の子どもに自分と同級生がいるとすると、その両親も知り合いで、おじいちゃんとおばあちゃんも知り合いなのです。私の祖父母と同級生の祖父母が知り合いで、お互いの結婚式に出た。私の両親と同級生の両親が知り合いでお互いに結婚式に出た。私の子どもと同級生の子どもが知り合いで、お互いに結婚式に出た。こういった関係です。

　ですから、同級生の祖父母は、自分の赤ちゃんの頃を知っています。ランドセルを背負って小学校に通っていたときのことを知っています。中学、高校、大学、社会人になり、結婚をして子どもを産み育てるという成長の過程をすべて見てきているわけです。すべてお見通しです。すべての履歴を見られているのでウソがつけない。ズルができないのです。ある意味、面倒くさいのかもしれません。しかし、これがお互いに信用を保ち続ける仕組みともいえます。

　「**私は君のおじいちゃんにお世話になった。私は君の孫の面倒を見よう**」**という関係**です。「３年したらこの土地から異動になる。だから好き勝手にやってみよう」というわけにはいかないのです。視野に入れている時間の長さがまったく違うのです。

　スピードを大切にする企業では、普通３年かかるところを「１年で育てる！」というようなことを言いますが、本当にできるのでしょうか？

　人間も生き物です。木を植えて育てるように、時間がかかるものです。椎（しい）の木はどんぐりを土に植えて、10年で10mになるものもあります。それを、３年で10mにしようと思っても、うまくいきません。それよりも、土があり、水があり、日が当たれば小さなどんぐりが大木に育つように、人の成長に必要な要素を十分に与えることで、人も確実に育つのではないでしょうか？

　木も人も、着実にコツコツと長い時間をかけて成長していきます。それをお互いに見守る環境があることは、非常に大切です。親子３代60年、祖父母と孫まで入れて100年つき合うと考えてみるといいのかもしれません。

07 経営理念をつくることこそが社長の仕事

日本中に253万人の社長がいます。その253万人の社長に253万通りの経営理念があります。

経営理念づくりはサラリーマンではできない

あなたが社長であれば、ここまで読んできたことで、自分自身を振り返り、ある程度の価値観にふれてＡ４の紙１枚の経営理念はできていると思います。それをもとに次のステップに進みます。

あなたが社長でないならば、たとえば「経営理念をつくれ」と社長から言われた人や、たまたま経営理念に興味があるという人であれば、ここからの進み方が違ってきます。

「経営理念をつくれ」と社長から言われた人の場合は、社長にこの本を読んでもらって、ここまでのプロセスをしてもらうことです。社長自身の考えや先代の社長の価値観をはっきりさせないと、たとえあなたがどんなにがんばってもムダです。

あなたは社長ではないので、いまの会社の経営理念はつくれません。「経営理念をつくれ」と社長から言われても、「それはできません！」と押し返してください。

しかし、サラリーマンですから、そんなことができるわけがないですよね。ですから、現実的にはまず初めに社長の価値観を整理してもらうことです。そうしないと後が続きません。

そうはいっても、あなた自身の価値観を整理することはできます。それは、いま自分がいる部門や子会社の理念づくりには役立つと思います。それは、あなたの価値観が影響を与えられる範囲だからです。

たまたま経営理念に興味があるという人でも、遺言と思って自分の考えていることを書き出すのは非常にいいことだと思います。

経営理念をつくることが社長の仕事

　経営理念をつくるには、まず社長がつくることです。8割が社長、残り2割が社員という感じです。もちろん会社によって、社長によってつくり方が違うので、これに縛られる必要はありません。

　経営理念を「社長が決めて、まとめてもらう部分は社員にやってもらう」ということはあります。しかし、社長が決めるのが1割で、社員で9割決めるということは「ない」と思います。

　もし仮に、社員が経営理念の9割を決める会社があるとすると、それはいったい誰の会社になるのでしょう？　ドラッカーが「ミッション、ビジョン、バリュー以外はすべてアウトソースできる」と言ったように、経営理念をつくることが社長の仕事です。それを他人にやってもらうなら社長を辞めたほうがいいのかもしれません。

　「いや、ウチには経営理念がない」という社長がいるかもしれません。しかし、昨日も今日も毎日、仕事に関する決断をしているはずです。お金を支払うとか、この仕事をやるとかやらないとか。その判断の基準が社長の考えをベースにしているわけですから、やはり経営理念、つまり考え方はあるのです。そして、その社長の判断によって会社が動いているということです。

　ですから、社長が経営理念、判断基準をすべて人に任せるのであれば、社長でいる必要がないのです。辞めたほうがいいのです。

　社長を辞めるというと、すごく大変なことのように思われるかもしれませんが、たまたま社長になった人、やりたくもないけど社長をやっている人は意外と多いのです。

　社長になるには試験がありません。資格も必要がないので、日本中に253万社もあるのです。「私が社長です」と言えば、誰でも社長になれます。平成26年9月現在、就業者数は6402万人です。全就労者のうちの5.4％、つまり20人に1人が社長なのです。**誰でも簡単になれる職業**です。

しかし、社員がいれば雇用を守るという、大きな責任があります。社員であれば、会社と合わなければ転職できますが、社長はあまり転職しません。本当は社長を辞めてもらったほうがいいという社長がいます。その人が社長をすることで、社員を不幸にしてしまう人です。
　誰も言ってくれないから、社長に居座り続けるのです。ですから、本当に自分自身に問うてみてほしいのです。もし、社長をしてはいけない人ならば、勇気を持って社長を辞めてみてください。そのほうが社員が幸せになり、自分ももっと幸せになるかもしれません。
　この文章を読んで、「そうだな、自分が社長で本当にいいのかな？」と少しでも思った人は、社長でいいのかもしれません。「何言っていやがる、オレが社長をやらないで誰がやる！」と思った人のほうが、本当に交代を考えたほうがいいのかもしれないのです。
　ちなみに、いわゆるプロゴルファー（トーナメントプロ）は**2316人**（2014年現在）しかいません。**253万人いる社長の1000分の1**です。逆にいうと、プロゴルファーになるのは社長になるより1000倍むずかしいということです。それも、来年もプロでいられる保証がどこにもないという厳しさです。こう考えると、社長というのはお気楽な職業なのか、厳しい職業なのかよくわからなくなります。

第 2 部

さあ経営理念を決めよう

第 6 章

経営理念を実践し、浸透させる

01 経営者とは「経営理念そのもの」である

経営者とは、経営理念が服を着て歩いている人であるといえます。

経営者がやっていることを言葉にすれば経営理念になる

　経営者とは、経営理念が服を着て歩いている人です。つまり、経営者とは「経営理念そのもの」なのです。

　「社長は言っていることとやっていることが違う」とよく言われることがあります。しかし、このことはもう少し違った見方ができます。言っていることとやっていることが違うのではなく、**社長がやっていることを言葉にしたものが経営理念**と考えればいいのです。そうすれば、言っていることとやっていることがぴったり合います。

　「社員を幸せにする」と言いながら、言うことを聞かない社員の首を平気でさっと切るのであれば、経営理念は「言うことを聞かなければさっと首を切る」です。

　「みんな全力でがんばろう！」と言いながら、社長だけが11時に出勤したり、会社の仕事をせずに地域の会合に昼間から出ていたりしたら、「好き勝手に仕事をしよう」かもしれません。

　つまり、言っていることとやっていることが違うのではなく、やっていることを経営理念にすればいいのです。しかし、それではとてもいい加減（？）な会社になってしまうようなら、「ありたい姿」、つまり「どうしたいか？」を経営理念として書き出してみてください。

毎日何を考え、話しているのか？

　社長とは、経営理念が服を着て歩いている人だとすれば、社長が持つ

セルフイメージが経営理念と強く結びつくことになります。社長が毎日考えていること、毎日話している内容こそが、経営理念そのものなのです。このことは経営理念を深め、つくるうえでとても重要なことです。

社長が1日24時間の中で考えることがすべて文字に起こされ、社長が話すことがすべて録音されて文字になったときに、そこに何が書かれているかが重要なのです。

「社員の幸せが大切」と経営理念に書いてある会社の経営者が、年間100回以上ゴルフに行き、会ってみたら口から出る言葉の大半がゴルフの話題なら、本当の経営理念は「私がゴルフをするために社員を働かせる」なのかもしれません。

そうではなく、「どうすれば社員が幸せになるのか？」「どうすれば利益を出して社員により高い給与を払ってあげられるのか？」ということを、明けても暮れても四六時中考え続けている社長の経営理念なら、「社員を幸せにしたい」となります。

この「自分が何を考え、何を話しているのか」ということに注目してみることは大切です。経営理念は、社長が毎日考え、話していることがすべてのベースとなります。そう考えれば、経営理念を深めることは社長自身を知ることに深くつながっていることがわかってもらえると思います。

経営理念とは、社長の思考と言葉です。

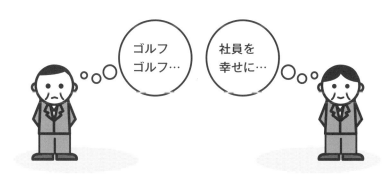

02 行動が理念になり、理念が行動になる

今日からできる、わかりやすくて具体的な行動を、はっきり示すことが大切です。

理念を行動に移す

　経営理念は、つくっただけでは意味がありません。**経営理念は実践しなければ「ない」のと同じです。**自動車を買っても乗らなければ、持っていないのと同じ。知識を学んでも使わなければ、知らないのと同じなのです。

　理念、理念と唱えていても、何も変わりません。理念を行動に移すことが大切です。具体的にどうしたらいいのか、そのヒントをいまからお話しします。

①「ニコ・キビ・ハキ」

　これは、まったくゼロから一部上場企業をつくった『カレーハウスCoCo壱番屋』の宗次德二氏が、会社の社是として挙げているものです。
　「ニコ・キビ・ハキ」とは「ニコニコ・キビキビ・ハキハキ」の略です。「ニコニコする、キビキビ動く、ハキハキ答える」ということです。この言葉は誰が聞いても嫌な感じがしません。一方、この逆は「カリカリする、グズグズする、グダグダする」といったものになります。なんか嫌な感じですよね。
　ニコニコとは顔の表情であり、キビキビとは体全体の動きであり、ハキハキとはその人の言葉遣いであり、体の雰囲気を表わします。つまり、カレーショップという接客業をするのであれば、そういった行動が大事なのだということを理念として伝えているわけです。これであれば、誰が聞いても賛同でき、誰が聞いても具体的にすぐ行動に移すことができ

る経営理念といえます。

②「時を守り、場を清め、礼を正す」

　これは、日本を代表する教育者といわれる森信三先生の言葉です。
　1つ目の「**時を守り**」とは、**時間を守る**ということです。たとえば、人とのアポイントや会議の時間に、必ず5分前に行く、5分前に待っている行動です。
　営業の訪問を例にとってみましょう。多くの場合、訪問する側は相手に失礼がないように、遅れてはいけないと思って、5分前、または10分前に訪問先に着いているものです。相手に敬意を表し、商品を買ってもらいたいと思っているわけです。
　一方で、その訪問を受ける側は、相手が来てくれるのだから、自分は時間ギリギリまで仕事をしていればいいや、という心がどこかに働き、訪問した人を待たせることが実際にはよくあるものなのです。そして、立場が高くなり、いつも自分の事務所に相手が来訪してくれるようになると、少しくらい人を待たせてもなんとも感じなくなるものです。
　そういった弱い心を理念で縛り、自分自身を律してゆくことが大切です。たとえば、相手が訪問してくれるときには、その人がエレベーターで上がってくるのをエレベーターの前で待つ。5分前に待っているというような行動をとることこそが、「時を守り」という行動につながります。相手が1時間かけて来訪してくれることを考えれば、ある意味、当然の行為ともいえます。
　2つ目の「**場を清め**」とは、**掃除をする**ことです。ただし、おざなりな掃除をするというものではなく、毎朝、自分が使う机の上を熱心に雑巾がけをしているようなイメージです。
　「机の上はいつもきれいさっぱり何も置いていない、あるのは電話だけ」というような整理整頓された状態です。その範囲は自分の机だけではなく、両隣の人、または自分のフロア、そして会社全体、さらに会社の周り100m、500mと、場を清める範囲を広げる。この広げる行動をとることが、会社を良くしていくという理念を実現しているともいえるわ

けです。

　日本中の会社が自分の会社の周り100mをきれいにするようになったら、日本はきれいな国になっているはずです。

　3つ目の「**礼を正す**」とは、「**挨拶をする**」「**返事をする**」といったことです。

　「朝の挨拶、人より先に」、この1つだけでも一生続けられたら、それはもう立派な人です。挨拶をする範囲はまず初めは家族です。そして、職場では、自分の上司だけでなく、同僚や後輩、部下にも広げる。さらに、同じビルの他の会社の人や、朝、家を出たときに会う人にまで、その範囲が広がることによって、その理念と行動がより高いレベルになっていくのだと思います。

　返事とは、確実に相手に聞こえるような、気持ちのいい「はい！」です。返事をするといっても、本人は言ったつもりでも相手に届かない、相手には聞こえない場合があります。そうではなく、常に相手が気持ちいいと感じる返事をする、と心がける。これだけでも立派な経営理念、行動の指針となるはずです。

　この「時を守り、場を清め、礼を正す」という言葉は「職場再建の三大原則」と森信三先生が述べているものです。参考にしてください。

公私混同しない

　ここには3つのポイントがあります。①**時間**、②**お金**、③**人事**についてです。

①時間

　経営者の中には「仕事」と称してゴルフに行く人が少なくありません。たしかに、お客様を接待するためのゴルフもあるでしょう。しかし、友だちとするゴルフ、また平日にするゴルフを仕事と称し、社員にも「ゴルフに行ってくる」と公言するようになると、それは時間の公私混同が始まっていると言っていいのかもしれません。

社長に対して、社員は誰も何も言ってくれません。たとえ社長が朝遅く出社しても、「社長、遅刻しないでください」などと社員は言えません。だからこそ、経営理念で自分自身を縛る必要が出てくるのです。逆に、誰よりも早く出社する社長であってほしいものです。

②お金

社長になれば、いくらでもお金の公私混同ができます。とくに、創業社長の場合にはありがちです。たとえば、お客様と食事をする。これはたしかに会議費や、接待交際費となります。

しかし、家族と食事をするのは会社の仕事と関係のないものです。そのときに領収証をもらい、会社の費用にしてしまったら、立派な公私混同です。こういったところに、社長の理念が表われます。

③人事

誰にでも情があります。かわいい部下をかわいがってあげたくなるものです。仕事の能力はないけれど、なんとなくかわいがっている人間を部長にしたり、自分の言うことをよく聞く人間の給与を多くしてあげたくなるのです。それは人情だから仕方がないのです。

しかし、ある部分仕方がないのですが、それが会社を悪くしていく原因の1つとなることに気づく必要があります。

会社の人事は、あくまでも公平でなければいけません。もし、そうでなければ社員はシラケます。公平でない人事が行なわれることによって、社員のベクトルが合わなくなるのです。ベクトルを合わせていくために、人事では公私混同しない、フェアにオープンに行なうという経営理念が必要となってくるのです。

03 経営理念を浸透させるために必要な行動とは？

社長の「言行一致」「率先垂範」で、社員全員を引っ張っていくことが何より大切です。

社長の言行が一致しているか？

　経営理念を浸透させるうえで最も大切なことは、「**言行一致**」です。言行一致とは、「言っていることとやっていることが一緒」ということです。しかし、これこそが最もむずかしいことの1つなのです。

　言うのは簡単です。しかし、やることがとてもむずかしいのです。これは誰の人生においてもまったく同じです。人生の中で最もむずかしいことの1つといえます。

　たとえば、「時間を守ろう！」といったとしても、その日のうちに破っている人はたくさんいると思います。この1年間、アポイントに1回も遅れていないと言い切れる人は職場に何人いるでしょうか？　あなたはそう言い切れるでしょうか？

　経営理念を浸透させるうえで本当に大切なのは、会社のトップである社長がそういった約束を守っているかどうかです。「社長の言行が一致しているかどうか」ということなのです。

　つまり、社長という職業は本当に大変な職業なのだといえます。みなに見られる中で、一貫して約束を守り続けなければならないわけです。**社長の一挙手一投足はすべて録画されている**、そんなイメージを持っていただけたらと思います。

　社長とは、経営理念が服を着た人ですから、社長の言動は経営理念そのものなのです。したがって、「経営理念で言っていることと言行一致していないということはありえない」という状態であってほしいのです。

というよりも、社長の行動と人生そのものを正して生きていくことが大切なのです。社長の生き方のどこかにズルさがあり、いつも不平不満や人の悪口をいうことが多いなら、おのずから経営もそのようなものになってくるはずです。
　社長の生き方が正直で、いつも感謝の言葉を口にすることが多いなら、やはり経営もそうなってくるはずです。経営の根本である「社長の生き方」が経営に反映されてくる。経営理念の実践とは「社長の生き方」そのものであるともいえます。

経営理念によって行動が縛られる

　経営理念とは、社長自身の行動を縛るものです。経営理念を社内外に宣言するということは、大変勇気のいることです。その言葉に責任が出てくるからです。それが自分自身を縛ることになります。
　しかし、人間はとても弱いものですから、そういったものがないと自分に甘くなり、崩れていきます。だからこそ、自分自身を縛るものがあることは非常に大切なのです。
　「**経営理念があり、それを日々口にしていることで、弱い自分自身を強くすることができる**」といえるのかもしれません。
　「全従業員の物心両面の幸福を追求する」と社内外に宣言した瞬間から、社長であるあなたは「社員の幸せを考え、社員が幸せになるような行動」をとらなければならなくなります。
　ある人から「こんな儲け話がありますよ」と持ちかけられたとしても、「それは本当に社員の幸せになるのだろうか？」と自分自身に問いかけることになります。多くの人がバブルのときにそうであったように、うまい儲け話に飛びつきやすいのです。「この土地は絶対上がります」「この株は必ず儲かります」という話が「あなただけに」と持ちかけられれば、誰でもそれに手を出したくなります。
　しかし、社員を幸せにするという経営理念を持った瞬間に、そういった思いを絶ち、「**"濡れ手で粟"のような儲け話に飛びついてはいけない**」

と思えるようになるのかもしれません。

　もう1つわかりやすい例でいえば、朝早起きをするのは、自分1人でやろうと思ってもむずかしいことかもしれませんが、「私は必ず朝7時に会社に来ます」と宣言をすればやりやすいのです。その宣言で自分自身を縛るからです。「必ず、朝7時に会社に来て、その日、社員のために自分の身を捧げる」と宣言し、行動すれば、それは習慣になります。

　このように、**社長が自分自身を経営理念で縛り、行動し、習慣化する**ことが経営理念を浸透させる1つの方法ともいえるのです。

社長が率先垂範する

　経営理念を浸透させるうえで大切なことに、社長が「**率先垂範**」するということもあります。経営理念というのは社員にやらせるもの、社員をこき使うためのものではありません。社長の思いを文字にしたものであり、どうすれば会社が良くなり、どうすればみんなが幸せになるかということを掲げた考え方、宣言なのです。

　したがってそれは、ことし入った新入社員が一番最初にやるというものではありません。課長がやるよりも部長、部長よりも役員、役員よりも社長がやるべきものです。だからこそ、「社長が一番に率先垂範する」というものであってほしいのです。

04 黙っていては伝わらない！社長は経営理念の語り部たること

社員が辞めることを恐れていては、経営理念は全社には伝わりません。

社長は語り部になること

経営理念を浸透させるには、社長が語り部になることが大切です。

「事あるごとに社長はいつもこう言っている」
「お客様を大事にしようと言っている」
「NO.1であろうと言っている」

人に物を伝えるときには、1回言っただけで伝わるわけはありません。1回言ってダメなら10回、10回言ってダメなら30回、30回言ってダメなら50回、そして100回と、延々とまったく同じことでも語り続ける必要があるのです。

つまり、社長は思っているだけではダメなのです。社長は必ず語り部となり、語り続けること、伝え続けることが大切になります。そのときに、ただ話すだけではやはり相手に届きづらい。したがって、文字にすることが大切になるのです。

社長の学ぶべき必須能力は「**話して伝える能力**」と「**文字で伝える能力**」です。つまり、社長は経営理念を浸透させるうえで、この2つの能力を高める必要があるのです。いつでも、きちんとわかりやすく伝えることが重要になります。

まずは、話して伝える能力を上げる必要があります。わかりづらい話を延々とするのではなく、短くぴしっと伝える。まず初めに一番言いたい結論を言い、次にそれを裏づける理由を言い、そして数字を使って具

体的に言い、さらに、相手に伝わりやすいようにたとえ話をする。そういった能力を高める必要があります。

社長であるあなたは、一度自分自身の言葉を録音し、それを聞いて話し方のトレーニングをすることをおすすめします。自分では気づかないことにたくさん気づくことがあります。多くの中小企業の社長は、**自分では話がうまいと思っていても、実際はそうではない**ということがよくあります。人ごとではない自分のことと思ったほうがいいのです。

「ウチの社員は人の話をよく聞かない」「話がちゃんと伝わっているかよくわからない」と思うことがあれば、自分自身を振り返ってみてください。社員の問題ではなく、社長の問題なのかもしれません。「**つまらない、しかも長い話**」につき合わされる社員のほうが「**いい迷惑**」と思っていることがあります。

自分の話の録音を聞いて、「ああ、社員はこんなにつまらない話を聞かされていたのか」と社長が気づくことができたら、経営理念も浸透していくようになると思います。

社員が辞めることを恐れない

経営理念を浸透させようとすると、社員が辞めることがあります。

創業社長が数人で会社をつくったときから、ずっと経営理念を伝え、そして入ってくる社員にも同じように経営理念をずっと伝えているのであれば、それが大前提になりますから、社員が辞めるということは少なくなります。

しかし中途で入ってくる社員は、前の会社の考え方に強く、大きく、長く、影響を受けている人です。だから、あなたの会社が独自の経営理念を強く持っているとすれば、考え方が合いづらくなるので、その社員は辞めやすくなります。

さらに、自分が二代目社長、三代目社長などの場合、自分が持つ考え方、経営理念は、いままでいる人との違いを生みやすいので、社員が辞めることがあります。

仮に本書を読んで、経営理念の必要性を強く思い、経営理念をつくり、「私がやりたいことはこうだ！」と強く社員に伝えた場合、社員は反発します。それでも社長が「絶対、この経営理念で行くぞ！」と言えば、たとえその経営理念がいいものであっても、2割、3割の社員、**多いときは半分くらいの社員が辞めるということも起こりうるのです。**

　しかし、それにひるんではいけません。

　自分とは考え方が違う社員がいても、腫れ物に触るように何もいわずそのままにしておくということが、会社の雰囲気を悪くし、会社の業績を悪くしてしまうケースがたくさんあるのです。

　もちろん、無理に辞めさせろと言っているのではありません。そうではなく、「私はこういうふうに考えている」ということを社員にきちんと伝えることが大切なのです。そして、その人にはその人なりの考えがあるでしょう。そこを聞き、こちらも話し、丁寧にすり合わせていくことが大切なのです。

　お互いに考え方を伝え合うことを恐れてはならないという意味です。社員が辞めることを恐れるあまり何も言えないよりは、自分が思っていることを言い、社員が辞めていくほうが幸せなのかもしれません。

　たとえば、あなたがサッカーをやりたいとすれば、そこに野球をやりたいという人が入ってきた場合、その人は幸せではないかもしれない。さらに、いつもサッカーをやる人と衝突を起こし、お互いに不愉快な思いをするということになるかもしれません。

　日本には253万社の会社があるのです。たくさんの会社がある、たくさんの選択肢があるということです。何も無理をしてあなたの会社にいる必要はないということです。無理に考え方を合わせ、お互いに不愉快な思いをしてやっていくより、それぞれ自分の道を行くほうが幸せではないでしょうか。

第2部　さあ経営理念を決めよう

第6章　▼経営理念を実践し、浸透させる

05 経営理念を浸透させることは外国語の習得と同じ

1日5分間、200日学ぶ程度では、英語も経営理念も話せるようにはなりません。

自分の知らない言語を習得する

　経営理念とは言語なので、「自分の知らない言語を習得する」くらいに思うことが大切です。たとえば、英語を話せない人が英語を学ぶのと同じといえます。もし、あなたが英語をまったくしゃべれないのであれば、英語が話せるようになるためには1日5分間、200日だけ学んでもなかなかしゃべれるようにはなりません。

　経営理念は日本語で書いてあるものですが、いったんそれを外国語だと思い、外国語を習得するような気持ちでその言葉を話し、聞き、考えることが大切になります。本当に自らの血肉となるためには、経営理念という外国語があったとして、その言語を身につけるためには、やはり最低でも年間に数百時間、できたら1000時間ぐらいを使って、その言葉を覚える。それを3年間くらいやって、初めて自分のものになってくるのだと思います。

　ここでいう経営理念とは、額に飾ってある1行の経営理念だけを指すのではなく、その経営理念をつくり上げる根幹となる考え方や、判断基準です。

　紙に書き出されてはいないけれども、社長が思っている「非言語の経営理念」も含むということです。

夢に経営理念が出てくる

　本当に英語を話すことができる人は、夢の中で英語の夢を見るといい

ますが、あなたは経営理念を夢の中で見ることがあるでしょうか？　夢に経営理念が出てくるようになれば最高です。

たとえば、夢に経営理念が出てくるときに、「いや、そんなの嫌だよ。夢にまで見るなんて」と思う人もいるかもしれません。しかし一方で、「ああ、夢にまで出てきてうれしい」と思う人もいるでしょう。

それは、「経営理念に対してどう思っているのか？」ということとつながるのだと思います。つまり、経営理念とは究極的には人として正しいことです。言っていることに筋が通っていることです。誰が見ても、聞いても、読んでも、書いても、そのとおりだと思えるようなことが経営理念であるべきなのです。そうでなければ、多くの人の賛同は得られません。みんなが「そのとおりだ！」と思えなければなりません。

逆にいえば、誰に話しても、誰から聞いても、「そのとおりだよね。なるほどそうだ！」と同意してもらえるような志の高いものであることが、経営理念を浸透させる中では大切になってくるわけです。

しかし、人間は弱くて、ずるくて、卑怯でもあります。そんな自分を奮い立たせ、そんな弱い自分に打ち勝つために経営理念はあります。そして、その経営理念をごく自然に、自分の言葉として、素直に話せるようになる。社長が、社員が毎日、経営理念を話している。そんなふうになると、経営理念は浸透したといえるでしょう。

非言語の経営理念が「社風」をつくる

経営理念の中には、「言語化された経営理念」もあれば、「非言語の経営理念」もあります。この非言語の経営理念が**「社風」**をつくり上げるものとなるのです。

どの会社でも創業当時は、言語化された経営理念はありません。しかし、「非言語の経営理念」はあるのです。言葉になっていないが、社長の頭の中にだけある「経営理念」です。創業メンバーは身近で社長の一挙手一投足を見ながら、社長の非言語の経営理念を"察して"仕事をしていくのです。これが日本人の素晴らしいところです。

しかし、社員が増え、30人を超えるくらいになると問題が起こります。社員が社長の毎日の言動を見ることが少なくなるからです。「今日は、1回も社長を見ていないな……」社員がそう思い始めたときが、黄色信号がつき始めたときといえるかもしれません。

　そうなると、社員は社長が何を考え、どんな行動をしているのかがわからなくなるのです。社員のベクトルが合わなくなり始めるのです。しかし、全社員の1つひとつの行動をいちいち指示するわけにはいきません。だからこそ、判断する基準や行動する基準が言葉として必要になってくるわけです。それが「言語化された経営理念」です。

　言わなくてもお互いに察してやっていく親族や夫婦のような「非言語の経営理念」から、「言語化された経営理念」にシフトする必要があるのです。つまり、「経営理念」をつくる必要があるということです。

　売上3億円、社員20人が、「言語化された経営理念」をかっちりつくり始める1つの目安なのかもしれません。

06 経営理念の浸透に欠かせない3つの視点

特に社員数が多くなれば、社長の意志も経営理念もなかなか届かなくなるのが当たり前なのです。

3つの視点を持つ

経営理念を浸透させるうえで大切な3つの視点をお話します。

①立場 ＝ 創業経営者か、それ以外か(二代目、三代目、雇われ社長など)
②意志の強さ ＝ 経営理念に対して強い意志を持っている、持っていない
③社員数 ＝ 10名まで、〜30名、〜50名、〜100名、100名以上など

①立場

あなた自身が創業者である場合とそうでない場合について、経営理念を浸透させるときにやり方が違ってくるということです。創業経営者であれば、自分自身の中に持っている経営理念を、自分の考えで全従業員に対して伝えることができます。

それは誰に遠慮することもなく、「私はこうしたい！」という強い思いを実現させるものが会社であるため、自分の思いをそのままストレートに伝えることができるわけです。

しかし、二代目、三代目、または雇われ社長の場合にはそうはいきません。たとえば、二代目の場合、創業社長がいて、創業社長の考えがあり、その人が持っていた経営理念と、まったく違うものを自分が経営理念として掲げることはむずかしいのです。

その理由は簡単です。いままでの経営理念と違うからです。そして、いままで働いていた社員がいるからです。仮に、わかりやすく100人の社員がいるとしましょう。その人たちは創業社長と、ある思いを共有し

て仕事をし、5年、10年、20年、30年と一緒に仕事をやってきたわけですから、やってきた仕事の中身もわかれば、やってきた仕事への思いについても十分理解をしています。

　ところが、二代目、または三代目の社長であるあなたが、大学を卒業し、20代でその会社に入ったとすれば、すでにお話ししたように、あなたが赤ちゃんの頃から知っている部長クラスの人、50代、60代の人は、赤ちゃんのあなたを想像します。そして、大人になったあなたの考え方に、簡単に賛同するということはむずかしくなるわけです。

　したがって、二代目であるあなたは、いまいる社員の考え方を理解したうえで、経営理念をつくり、浸透させていくことが必要になるわけです。浸透させるということは、ある意味では、いまいる社員の考え方をオセロのようにひっくり返し、黒を白にするとまではいかないまでも、考え方を変えていく必要が出てくるのです。それは非常にむずかしい事柄です。

②意志の強さ

　あなた自身が持っているいまの経営理念が非常に強いものなのか、そうでないのかによって、経営理念の浸透のさせ方、および浸透の度合いは変わってきます。

　図表をご覧ください。左右を「創業社長」「それ以外」とします。上下を「経営理念をしっかり持つ」「まあまあ」とします。つまり、ここに4つの事象があるわけです。

経営理念	創業社長	それ以外
まあまあ	(ii)創業社長であり、経営理念がまあまあ強い	(iv)創業社長以外で、経営理念がさほど強くない、まあまあ
しっかり	(i)創業社長であり、経営理念をしっかり持っている	(iii)創業社長以外(二代目、三代目、雇われ社長)で経営理念をしっかり持っている

（ⅰ）創業社長であり、経営理念をしっかり持っている場合
　これは浸透のさせ方も簡単ですし、社長も非常に強い思いを持って浸透させていくことができます。

（ⅱ）創業社長であり、経営理念がまあまあ強い
　創業社長なので、自分の思いで好きなように、いまの会社に考え方を伝えていくことはできます。しかし、自分自身の経営理念が非常に強いものではなく、「まあまあこれでいいかな。こんな感じなんだよな」というレベルの人も多いと思います。
　その場合には、浸透のさせ方も、浸透していく度合いも、経営理念をしっかり持っている場合とは違ってくるわけです。そして、自分自身の考え、経営理念がさほど強い思いでないならば、無理に時間をとってやっていくというよりも、少しずつゆっくりと経営理念を浸透させていくことが大事になります。

（ⅲ）創業社長以外（二代目、三代目、雇われ社長）で、経営理念をしっかり持っている
　この場合には、自分の考え方を強く持っている分、気をつけなければならないところがあります。それが、いままで働いてきた人の考え方であり、いままでの経営理念との違いです。
　こんなことはないかもしれませんが、「先代の経営理念が右に行く」だったのに、「私の経営理念は左に行く」というような、まったく逆の考え方を自分が持っているとすれば、社員も混乱を起こしやすくなるわけです。そういった違いを自分自身が理解し、社員の気持ちを汲んでいくことも大事なことです。

（ⅳ）創業社長以外で、経営理念がさほど強くない、まあまあ
　この場合は、浸透のさせ方も一番むずかしいですし、浸透させていくのにも非常に時間がかかります。たとえば、（ⅰ）の創業社長であり、経営理念をしっかり持っている人が１年かかるところを、３年から５年く

らいかかるようなイメージだと思います。

　大きな理由は、自分自身の考えがさほど強くないこと、そして、いままでの社員がいること、そしてその人たちに先代社長の考えが染みついていて、それが変えづらいということが挙げられます。

③社員数

　社員数の違いによって、経営理念を浸透させるときのむずかしさ、または浸透度は当然違ってきます。たとえば、創業したばかりで、3人で会社をつくったのであれば、自分以外の2人とは毎日のように話し、自分自身の考えも伝わっていくと思います。

　しかし、会社が大きくなり、5人、10人と増えていくと、互いのコミュニケーションの量も少なくなり、質も下がってくるわけです。社員が1人だったときに1人に対して10伝えられていたことが、社員が10人となれば、その10分の1となると思えばいいわけです。まず1つ目の段階が、この10人までです。

　そして、次のステージが20～30人。こうなってくると、全体的に、だんだんと自分の考えていることが伝わらなくなってくる感覚を持っている社長も多いと思います。同じようにして50人になってくると、自分が思っていることとまったく違うようなことが、社員の間で話されているという感じになってきます。

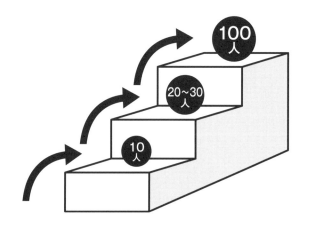

これがいわゆる「**自分が思ったことが伝わらない**」「**ベクトルが合わない**」ということです。

　そして、その次のステージ、社員が100人までともなると、社長の考えが本当に全員に伝わっているとはいいがたくなってきます。それを回避し、社長の考えを全社員に伝えていく。そのための仕組みが経営理念をつくり、浸透させるというプロセスになるわけです。もちろん、社員が100人を超えれば、経営理念の浸透はさらにむずかしくなってきます。

07 経営理念をどうやって伝え続けていくのか？

経営理念とは「文字」で伝え、「話して」伝え、あれこれやって初めて伝わっていくものです。

伝える方法＝どうやって伝えていくのか？

　自分以外の人間に自分の思いを伝える方法は大きく2つあります。経営理念を伝える場合も同じで、「文字」という視覚を使う場合と、「話す」という聴覚を使う場合です。

①紙で伝える

　まず、文字で、紙で伝える場合です。紙で伝える場合には、話して伝える場合よりも確実に伝わります。というのは、忘れられないということです。文字に残してあるということは、記録にとってあるということですから、これは伝わり方としては確実です。しかし、相手が本当に理解するかどうかということにおいては、少し弱さが残ります。

②メールで伝える

　メールも紙と同じです。ある社員に毎日大量のメールが50通、100通、200通と届く場合、あなたにとっては重要な経営理念の言葉なのですが、メールを受け取る本人にとってはその中の1つにしかなりません。たしかにあなたは伝えはしたのですが、相手が本当に理解したかというところでは疑問が残ります。

③講義で伝える

　話して、講義で伝える場合、話す人は一方的に話し、聞く人はただ聞くというだけです。したがって、脳科学の視点から見ても、聞く本人に

とっては、ただ耳から音が入るというだけで、聞いてはいるけれども、本当に理解しているかというと、理解の度合いが弱い場合があります。

④勉強会で伝える

勉強会というと、人数が1対3、あるいは1対5のような小人数となるイメージがあるので、伝わり方は、1対100の場合よりも、より強くなります。したがって、勉強会を開くということであれば、より経営理念が伝わりやすくなるといえるかもしれません。

⑤対話で伝える

「話す」だけではなく「話す、聞く」というコミュニケーション、つまり、対話をすることによって、経営理念はより相手に伝わりやすくなります。さらにそのときのポイントは、空理空論ではなく、より実務に近いもの、毎日起こる出来事、**今日仕事で起こったその事柄について話す、対話をする**ということが重要になってきます。

このように、経営理念を伝える場合には、「文字」（紙、メール）と「話す」（講義、勉強会、対話方式）を組み合わせながら伝えていくことが大切になります。

そしてさらに、人は話す、聞くだけではなくて対話をし、互いのフィードバックを通じて、その経営理念、考え方に対してより深く理解し、自分のものとしていくのです。

08 経営理念の浸透を質と量で考える

思いの強さも大切ですが、何よりも「量」、つまり「回数」「時間数」の与える影響が大きいのです。

質よりも量という考え方

　経営理念を浸透させるうえで大切なことを、量と質という考え方で見てみましょう。量とは経営理念について考える時間・回数、質とは社長の思いの強さ、中身の濃さといえます。強さの度合いは社長のいまの状態によって変わってくると思います。それより大切なのは、この「量」という考え方です。量とは、その時間であり回数です。それはどういうことかというと、経営理念について学ぶ、または話す時間数を確保することが大切だということです。

　たとえば、毎日10分ずつ、年間200日学ぶとすれば、10分×200日＝2000分（約33時間）、経営理念について考え、話したことになります。そして、その回数は200回です。1年間で2000分、経営理念について学んだことになります。

　同じようにこの2000分を、100分ずつ20回という考え方もあれば、200分ずつ10回という考え方もあります。

　この回数と時間については、できれば毎日少しずつでも積み重ねるほうがいいと思います。たとえば、腕立て伏せを毎日10回、200日やる人と、2000回を1回だけやる人がいれば、10回、200日やるほうが効果的だとわかると思います。毎日10回、200日やるということは、2日に1回はコツコツとやっていることになります。一方、2000回を1回だけやるということは、1回はとてもがんばるのですが、後の364日は何もしないということです。その364日で腕の力は弱くなりますし、その弱くなった腕で2000回やるということは現実的には無謀であり、実現不

可能といっていいと思います。

経営理念を浸透させる場合、一度にたくさんのことを一気にやるのではなく、毎日コツコツとやるほうが大切なのです。毎日10回という低負荷を200日という日数でコツコツやり続けるほうが継続しやすく、成果が出やすいといえます。

日本人は1年間で何時間、テレビを観るのか？

ここに1つのデータがあります。年間の勉強時間とテレビを観る時間についてのものです。小学校6年生の年間総授業時間数は980時間。これを365日で割ると、1日平均2.6時間ということになります。

一方、日本人の平均テレビ視聴時間は5時間1分だそうです。年間にすると、約1831時間。仮に、小学生がテレビを観る時間はもっと少ないとしても、1日に3時間観れば、学校の授業よりもテレビの影響のほうが大きくなっている、ということです。

経営理念についても同じようなことがいえます。1年間で毎日5分を200日＝1000分（約16時間）なら、1週間に観るテレビの時間（3時間×7日＝21時間）よりも少ないことになります。日本人の平均5時間で考えれば、4日間（5時間×4日＝20時間）で、1年間の経営理念を学ぶ時間よりも多くなるということです。

つまり、どれほど熱心に話そうが、接触時間数が少なければ、やはり接触する時間が多いものに影響されるようになってしまうのです。経営理念を毎日5分1年間唱える16時間は、1週間のテレビを観る時間3時間×7日＝21時間に時間数で負けるのです。

さらに、驚きの事実があります。先ほどお話した年間の労働時間1680時間（＝7時間×240日）は、日本人の1年間のテレビの平均視聴時間1831時間より151時間も少ないのです。つまり、働く時間よりテレビを観る時間のほうが多いということです。

ですから、表面的には社長の言うことを聞いていても、本当に影響を受けているのはお笑いタレントなのかもしれません。自社の経営理念よ

り、朝の天気予報のお姉さんが言っていたことを覚えていることが起こりえるのです。

したがって社長は、事あるごとに話したり書いたりしながら、全社員に対して自分の考えを伝える努力をしなければ、テレビに簡単に負けるということになるわけです。

＊2005年度のフランス・カンヌで開催されたテレビ番組の国際見本市『MIPTV』で発表された統計によると、世界で最もテレビを観る時間が長いのは日本人で、1日のテレビ視聴時間は平均5時間1分だった。

1年間は何時間あるのか？

Q 1年間は何時間あるでしょうか？

多くの人が答えられないと思いますが、1年間というのは、8760時間あります。8760時間＝24時間／日×365日です。

参考までに、一生の時間と、その働く時間について記しておきます。

1年間、8760時間を仮に80年生きるとすると、8760時間×80年＝70万800時間になります。つまり、一生涯、80歳まで生きたとすると、人間というのは70万時間生きることになります。

では、普通のサラリーマンは1年間で、いったいどのくらい働くのでしょうか？　ご存じですか？

仮に1日7時間、年間240日間働くとすると、7時間×240日＝1680時間となります。これは、1年間、8760時間分の1680時間となるので、19％となります。つまり、通常のサラリーマンは、1年間のうち19％しか働いていないということになります。

この1680時間というのは1日平均にすると、なんと4.6時間であり、非常に少ない時間です。なぜ、少なく感じるかというと、土日および祝祭日には働かないので、平均すると少なくなるのです。働いている本人はとても長く働いている気がしても、実はさほど長く働いてはいないの

です。

では、生涯の労働時間はどのくらいでしょうか？

この1680時間を、20歳から60歳まで40年間働くとすると、1680時間×40年＝6万7200時間となります。この6万7200時間というのは、一生涯の70万800時間のうちのなんと、たったの9.6％です。つまり、「私はよく働いた！」と思う人がいたとしても、一生涯でも働く時間は6万7200時間、比率にしても10％も働いていないということがわかります。このように、具体的に数字にしてみるとわかることがたくさんあるのです（次ページ参照）。

1680時間×40年＝6万7200時間
6万7200時間÷70万800時間＝9.6％

経営理念について考える

同じように、経営理念について考えてみましょう。

たとえば、毎朝5分だけ、200日、経営理念について勉強する会社があるとします。そうすると、1000分（16時間）となります。これは、年間の労働時間、1680時間に対して、なんと1％しかないのです。つまり、毎朝、経営理念を唱えたとしても、年間の労働時間の1％にしかならないということです。

したがって、朝礼での経営理念の唱和は、悪いことではありませんが、それだけで経営理念を浸透させるのはむずかしいといえるのではないでしょうか。

もし、経営理念を本当に浸透させたい、全社員がしっかりと経営理念を持った状態にしたいのであれば、年間の労働時間、1680時間のうちの「最低でも1％」、この「最低でも」というところが大切なのです。経営理念について学び、話す時間を持ちたいものです。

■サラリーマンと社長の働く時間

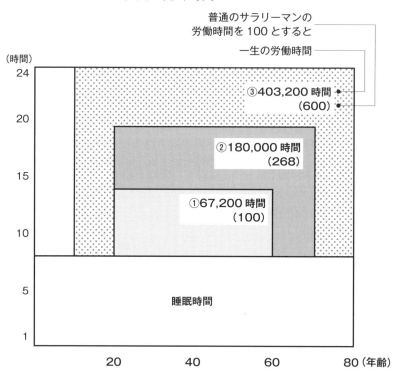

	就業時間		休日数
①普通のサラリーマン	9〜17時	120	土日祝とお盆正月GW
②創業社長	7〜20時	65	日曜日とお盆正月GW
③松下幸之助型	7〜23時	5	お盆と正月 （起きている間はすべて仕事）

※就業時間は昼休み1時間あり

09 経営理念が浸透するとは「社風になる」ということ

社員全員に経営理念を浸透させていく具体的で効果的なやり方について詳しく見ていきましょう。

「社風」が良くなってこそ、経営理念が浸透したといえる

どこの会社にも「その会社なりの雰囲気」というものがあります。それが「社風」といわれるものです。

立派な経営理念を書いて額に入れてはいても、社風が悪い会社もあれば、ことさら大きな声で経営理念といわなくても、会社の雰囲気がいい、社風が良い会社もあります。

つまり、経営理念は額に入れればいいというのではなく、最終的には社風が良くなることが大切なのです。社員全体が持つ考え方が軟らかくて優しくて、いい雰囲気を持つようになることが大切なのです。「ああ、あの人にまた会いたいな。あの会社にまた行きたいな」と思われるということです。

経営理念とは考え方ではありますが、実際に社員がその経営理念に基づいて行動するので、その社員の行動にも表われます。したがって、社員の行動や会社の雰囲気を見れば、経営理念についても判断できるというわけです。

経営理念を社風にまで高めていくやり方

経営理念はつくることが大切なのではなく、経営理念が会社の社風にまでなることが大切なのだと思います。働く社員全員が、ブレずにぴしっと同じ経営理念を共有している。同じ信念のもとに働く「同志」となっている。価値観を共有する仲間になっていることです。言葉を変え

れば、経営理念が会社に浸透しているということです。

　では、そのために必要なやり方にはどのようなものがあるのか？　ここでも3段階でお話しします。

(1)経営理念を朝5分間唱和する
(2)経営理念の勉強会を定期的にやる（週30分程度）
(3)毎朝、30分以上経営理念について対話する

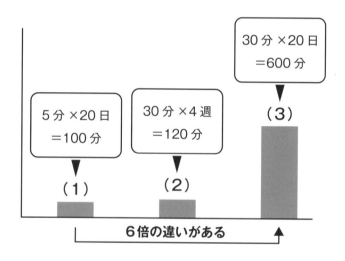

　ここでは、時間数とやり方の2つのポイントがあります。

- 時間数は月間合計○時間と決める（朝5分×20日＝100分＝月間1時間40分）
- やり方は、①唱和する、②講話を聞く、③対話する（話す・聞く）の3通り

　脳科学の視点から、脳が一番活性化するのは「対話」です。聞くだけでは眠くなるばかりで、自分のものになりません。また、唱和は声を出す分いいのですが、声を出して終わりになりがちなので、自分のものに

なりづらいところがあります。

　対話とは、ある経営理念に基づいて、「自分の意見」を「具体的な仕事」に合わせて話すというところが他の2つとはまったく違います。「話す」「聞く」という活動は、脳を活性化させます。対話する、コミュニケーションをとる。ここが一番大切なところです。

より具体的なやり方は？

例①　毎日朝礼で話をする

　5分間、皆で経営理念を唱和し、その内容についてAさんが話をする。それに対して同じ部門・グループの数人（4〜8人程度）からフィードバックをもらう。つまり、唱和を対話＝コミュニケーションをとるようなやり方。

例②　会議で話をする

　会議をする場合には、その初めに経営理念について唱和をする、または理念の1つの項目について「今日の経営理念はこれです」と話をするというようなやり方。会議をする場合にも、必ず経営理念について語る習慣を持つこと。

例③　定例勉強会

　月に1回または年間数回などの勉強会をする。半日（3〜4時間）の場合、1日（6〜8時間）の場合、1泊2日（10〜24時間）の場合などを組み合わせる。

例④　年間での階層別、部門別の勉強会

　1年間の中で、たとえば階層別であれば、担当者レベルの勉強会、課長クラス、部長クラスの勉強会、役員クラスの勉強会というように、役職、階層別に経営理念を学ぶ機会をつくる。また、同じように部門別でも、営業部門、製造部門、管理部門などの部門別で勉強会を開く。この

ように縦と横というような感じで勉強会を開くやり方。

例⑤　社長、役員と各部門

　社長や役員が直接、部長クラスまたは課長クラスという「階層」に対して、または「部門」に対して、経営理念についての勉強会を月に1回、1時間やるという仕組みをつくっていく。

例⑥　朝会での経営理念の運用

　経営理念をただの空理空論にするのではなく、より実践的にする方法。朝礼の中で15分なり30分程度の時間をとって、毎日の実務と経営理念について語るというような経営理念の浸透のさせ方。

　具体的には、たとえば始業時間が9時であれば8時半から9時までの間に経営理念の1つの項目について、あまり大きくない単位、つまり4～6人程度に分かれ（各部門またはグループ）、そこの中で対話＝コミュニケーションをする。

　1つの例として、経営理念の第3項目が「利他の心を持つ」だとしたら、昨日あった実際の出来事を「利他の心を持つ」というテーマに沿ってAさんが1分で話をする。それに対してB、C、Dさんと、参加している人が順番に1分ずつ意見を言う。

　つまり、昨日あった具体的な仕事の中身を、経営理念と照らし合わせた場合に、「私はこれについてはこう思った」「これが参考になった」「こういうふうに反省した」「次からはこういうふうにしたいと思う」というような感想や決意を、経営理念をもとに述べるという方法。

■ 社員全員に経営理念を浸透させる効果的な方法

　例⑥のいいところは、ただの説教ではないということです。経営理念を浸透させるとなると、社長が長い時間、説教をするというパターンが多くなります。実は、これはあまりおすすめしていません。理由は、社員が話を聞いてくれないからです。話す人が、落語の名人でもない限り、

黙って聞く人を10分以上も引きつけられません。その解決法が、このやり方なのです。

- 小グループ
- 全員参加
- 1人1分以内＝短い時間
- 話し、聞く

つまり、「小グループ全員参加型、1分間、対話方式」です。しかし、通常は、次のように対照的です。

- 1対多
- 社長の独り舞台
- 社長が1時間＝長い時間
- 社員は聞くだけ

小グループでの対話方式は、「心理学的」にも「脳科学」の視点からも非常に効果的です。理由は、次のようになります。

- 小グループなので、自分の存在感がある
- 全員参加なので、積極的になれる
- 1人1分以内の短い時間なので、眠くならない
- 聞くだけではなく、話し、聞く対話をするので、脳が活性化して記憶にも残る

また、日々の仕事と経営理念を結びつけた内容を毎日、話していくので、空理空論になりません。実務につながることが一番の学びとなります。

これは経営理念の勉強でありながら、日常の業務と密接に結びついているので、仕事上の判断基準として経営理念を身につける際に、非常に

いいやり方となるのです。

フィロソフィー勉強会の年間のスケジュール例

	1Q			2Q			3Q			4Q		
	1月	2月	3月	4月	5月	6月	7月	8月	9月	10月	11月	12月
社長	◎		■	○		○	●	○	○	○	■	○
役員	◎		■		○	○	●		○		■	○
部門長	◎	○		○	■		●			○	■	
リーダー	◎	○	○		■		●	○	○			○
担当	◎			○	○	■		●		○	○	○

◎ ➡ 4時間　　● ➡ 8時間（1日）
○ ➡ 2時間　　■ ➡ 16時間＝1泊2日（合宿）

第 2 部

さあ経営理念を決めよう

第 7 章

経営理念はこうして生まれた（12社の事例）

※事例の会社概要等は基本的に2015年1月末時点

01 ただ単に社訓を唱和させても結局1つも身にならない

「思い8割、スキル2割」……経営理念を具現化する仕組みをつくり、23年間継続する秘訣とは何でしょうか？

ねぎしフードサービス株式会社　根岸榮治 社長

本　　社	東京都新宿区
事業内容	牛たんを中心としたお肉の定食販売を行なう飲食業
業　　績	売上高54億円、経常利益3億円、経常利益率6％
従業員数	1075人
社長略歴	福島県いわき市で時計屋の長男として生まれる。東京の大学で経済学を修め、卒業後は百貨店で8年間勤務するが実家の倒産により帰郷、生活のため1970年より飲食店を始める。爆発的なヒットで事業を拡大するが競合に押され、撤退を繰り返す。1981年経営方針を転換し、現在のねぎしフードサービスを創業、現在まで43年間社長を務める。73歳。

経営理念

お客さまにおいしさを
お客さまにまごころを
ねぎしはお客さまのためにある
そして
お客さまの喜びを自分の喜びとして
親切と奉仕に努める

> **ねぎしの思い（経営の目的）**
>
> 「働く仲間の幸せ」（人の成長・100年企業）
> 「日本のとろろ文化」に貢献する
> おいしい味づくりで 楽しい街づくり

理念の基本は「いいとこ取り」

――現在のような経営理念をつくろうと思ったのはいつ頃ですか？

「もともと社訓というものはあり、半ば強制的に唱和させていました。ところが、ただ単に社訓を唱和させても結局1つも身にならない。多少の枠というか、拘束にはなりますが、実質的な効果はなかった。

それを95年くらいまでやってきたんですが、そのときに中小企業家同友会に入会し、経営指針書、年次計画を学びました。それと前後して経営理念をもう一度つくり直して、現在のものにしたんです」

――95年が経営理念の大きなターニングポイントだということですね。それは誰か教えてくれる人がいたんですか？

「いろいろなセミナーで学びました。1つは、経営理念が非常に大切だということ、もう1つは、普通に仕事をしながら経営理念を具現化する仕組みがないということを知り、そこから1つひとつ仕組みをつくっていきました。

私がスーパーや飲食店の社訓などを参考にいいとこ取りしたものをベースに、店長ら社員を交えてつくり込みました」

人や店が成長する仕組みをつくる

――経営理念をつくることで、業績につながりましたか？

「たとえば、ウチでは全店舗で年2回、改革改善事例発表を実施しています。現在33店舗ありますが、全社員が一堂に会する改革改善全体会議を月に1回設定し、そこで順番に6店舗ずつ発表を行なうわけで

す。

　全員が同一地域の同一業態ですから、発表内容はわが事と捉えて、みんなが興味を持って聞きます。全体で2時間の会議ですが、最初と最後には経営理念を唱和しています。その他、表彰したり、トラブル事例を取り上げたり、理念や価値観を共有する場になっています。

　会議で半年間の成果を発表するわけですが、そのためには店長を中心に人間関係とチームワークができていないといい発表ができないわけです。その過程で人間的に成長でき、リーダーシップが育ち、チーム力・店舗力がアップするということです」

――経営理念は必要ですか？

「われわれは『思い8割、スキル2割』と言っています。いかに優れたスキルも、思いがあってこそ活きるということであり、この思いこそが経営理念なんです。社員全員を24時間つきっきりで監視、指導なんてできはしません。また、いちいち判断を仰がれても対応できない。では、何によって判断するのか。それが思い、経営理念になるわけです。

　経営理念が共有、浸透された従業員は、誰かに言われたから仕事をするのではなく、経営理念に沿った行動を自発的にとるわけです。ですから、思いを明確にし、共有することが一番大切なんです」

理念の共有と浸透の進め方

――経営理念を共有するにあたり、工夫されたことは何でしょうか？

「まず、情報共有する場をつくることです。ウチでは『店長プロジェクト』というものをやっており、毎月1回会合し、半年かけて来年度の経営指針を検討します。店長自身が経営方針について対話を行なうため、前提となる経営理念の理解が深まります。

　また、エリアミーティングという、近隣店舗の店長4〜5人で相談できる場を月1回設けて、各店舗の問題点の相談、解決をし合うことで、改善の効率化と店舗間の情報共有を図っています。

――では、共有した経営理念をどのように浸透させたのでしょうか？

「たとえば、『クレンリネスコンテスト』というものを年2回行なっています。これは、相対評価でランクづけすることで店舗間で競争させ、競争する中で内部団結が図られる仕組みです。順位が見えることで他の店舗との違い、自分の店舗の課題がわかり、改善に向かう。そこに成長があるわけです。

また、店長に自分の店舗のセルフアセスメントを80項目にわたって実施させ、その評価結果から課題をそれぞれに考えてもらい、店長同士のエリアミーティングで検討・改善しています。

また、私も含め、全従業員で『私と経営理念』という題で作文を書き、半期ごとに冊子にしています。とくに上手に書いた人を年間で36人選び、改革改善全体会議で読み上げています」

自らの人生は自らつくり出す

——個人の価値観と経営理念の関係は？

「会社としては、肉の定食屋として東京で圧倒的なNO.1ブランドをつくり、社会的なインフラになる、これが『ねぎしのミッション』ということです。そして、その中で1人ひとりがイキイキと自分の成長を図りながら仕事をして人生を過ごせれば非常にいいなと考えています。それは、誰かがやってくれるんじゃなくて、自らの人生は自らつくり出すということです。だから、店長も預かった店舗は自らつくると考えていてほしい」

——経営理念の完成度、浸透度にそれぞれ点数をつけると何点ですか？

「経営理念については、このままでずっといきたいと思っています。ですから100点ですね。浸透度については、合格点だと思っています。80点くらいですかね。そう信じています」

02 経営理念は絵空事では意味がない！ 業績改善が必要

社長は社員のことを考えて、社員は会社、社長のためを思って働くことが大切です。

A社　鈴木一郎（仮名）社長

本　　　社	大阪市西区
事業内容	サインディスプレイ（インクジェットによる広告販売ツール）の販売
業　　　績	売上高15億6000万円、経常利益3億円、経常利益率20％
従業員数	82人
社長略歴	祖父は薬局、父は鍛冶職を営む商売人の家系に育ち、35歳のときに現在の会社を設立。以来、創業社長として毎年15％の成長率。大阪市出身。64歳。

経営理念

より良い働きを通じて、全従業員の物心両面の幸せを創造し、社会へ貢献しよう

短期的な動機づけからアプローチ

――経営理念をつくる中で気づかれたことはありますか？

「お互いに対する思いやりというと、少し軽く聞こえるかもしれませんが、『私は会社のために頑張ります、会社は社員皆さんの生活を、絶対守り抜くぞ』と。社長は社員のことを考えて、社員は会社、社長のためを思って働く。お互いが快適に、より良く仕事ができるように協力す

る。経営理念を平たく置き換えたら、こういうことではないでしょうか。これは、夫婦の関係にも当てはまると思います」

——経営理念をつくるうえでの工夫は？

「まず、社員の中には、『俺さえ良ければ、会社全体の売上なんてどうでもいい』と考える人間もいます。もっといえば、『社内の人間を出し抜いてでも、自分の数字を増やせればいい』という思考だってあります。

ですから、方向性と動機づけをきちんと示してあげることです。『なぜ売上を伸ばさなきゃいけないのか、なぜ利益を増やさなきゃいけないのか』と。まずは、身近な動機づけから示していきます。『年収600万円にしよう。だから、18億円の売上にしよう』と」

——直接的な、社員自身の利益を指し示すわけですね？

「それを理解してくれるようになったら、『利益がたまればたまるほど、会社は倒産しにくくなる。中長期的にも、社員のためだ』『社員の10年後の未来を左右するのは、この利益にかかっている』と自信を持って言えます。自分は、100％そう確信しているし、事実そうだから」

日々言い続けることが大切

——経営理念と業績の関係は？

「経営理念をつくるのはむずかしいことではないけれど、それを浸透させる、社風を変えるのは時間がかかります。ですから、まず成果を出して業績を上げる。それによって社員に健全な還元をすることで、社員も上を向くことができる。それをチャンスとして、社風を上げていくことを心がけました」

——業績と経営理念、両方への対策が相乗効果を生み、両方を向上させると？

「私は、経営理念ばかりに重点を置く改革はあまり感心しません。業績をしっかりと見据えなければならないと思います。経営理念は立派だけれど、業績が下がっていったら、説得力も何もないですよね」

——理念を浸透させるときの苦労はありますか？

「社長が経営理念を毎日、取り上げていないと、当然のことですが社員は覚えていられません。経営理念ができたら即実行、すべて身につくというのは理想論で、最初は正直、理念の意味もしっかりとは認識できていません。けれど日々唱え、日々実行しようと努めることで、だんだん言葉の意味が、真実味を帯びて自分の生活に迫ってきます」

——経営理念実行の方法として、社員にはどのような態度で接しているのですか？

「たとえばですが、怒るときでも損得で怒らないようにしています。損得で怒るというのは、『このロスを考えてみろ』という怒り方。私が怒るときは、「そんなことしていて、10年後どうするんだ？」と社員に問いかけます。損得で怒るような人間は、自分の根底に経営理念が身についていない。そんな人間がいくら経営理念を語ったってダメですよ」

奪い合う愛から与え合う愛に

——個人の価値観と経営理念の関係は？

「良くないのは、社長と社員の関係性が、奪い合うというか対立しているパターン。または社員間でも対立している。そうではなく、奪い合う愛が、与え合う愛となっていくようにしていかなければなりません。与え合うことがうまくいっている集団というのは、すごく温かいものです。会社に来たら、社長は社員の靴をそろえて、社員は自発的に社長の机を拭いて。

たとえばウチは、職責の重い人ほど昼飯は後回しにしています。こういうふうに考えていったら、経営理念は勝手にできてきますし、経営理念をつくる前に、まずは生き方、心を変えろと」

——「経営理念は生き方ができてから」ですか？

「経営理念は絵空事では意味がないんです。理念は社風だけでなく、目つき、言葉遣い、立ち居振る舞いすべてに出ますからね。そして、経営理念を最初に体現しなければならないのは社長です。まず社長が骨の髄まで、経営理念に則した人間にならないといけませんね」

03 1泊2日の合宿で一言一句、皆で議論して経営理念を決めた

経営理念を浸透させるうえで大事なのは、「ネクストテスト」をはじめ、ありとあらゆる機会があることです。

■ 株式会社ネクスト　長沢翼氏、田中めぐみ氏、鈴木朋美氏

本　　社	東京都港区
事業内容	不動産情報サービス事業・HOME'S を主軸として、不動産会社向け業務支援サービスの構築など
業　　績	売上高147億円、経常利益23億円、営業利益率16％　※2014年3月期実績
従業員数	642人（2014年9月末時点、グループ計）
氏　経　歴	（長沢氏）新卒入社7年目。Webエンジニア兼ビジョンプロジェクトのリーダー／（田中氏）入社6年目、コーポレートブランディング担当兼ビジョンプロジェクトのサブリーダー／（鈴木氏）入社11年目、広報担当。 ビジョンプロジェクト：社内に経営理念（ビジョン）を浸透させるため、40人ほどの有志メンバーで構成され、社員の各階層へ組織的なアプローチを行なっている。

■ 経営理念

常に革進することで、より多くの人々が
心からの「安心」と「喜び」を得られる社会の仕組みを創る

創業5年目に経営理念を作成

――経営理念をつくるきっかけは何だったんですか？
鈴木「創業5年目に、それまで社員が十数名の会社だったところへ中途採用で社員が10人ぐらい入って、社員が倍増した時期がありまして、だんだん『これってどうなの？』というようなことが出てきたりして、やはり明文化することが必要だと考えました。

　そして、翌年、約50人の社員全員で1泊2日の合宿に行ったんです。いろんな角度で、一言一句皆で議論して決めました」
――経営理念を浸透させるにあたり、工夫したことはありますか？
長沢「1つ目の取り組みとして、組織ごとにビジョンをつくるということをやっています。組織の最小単位であるグループは全部で70ぐらいあるんですけど、それぞれのグループごとに階層化されたビジョンを持っています。つまり、経営理念から落とし込んだ部のビジョンがあって、ユニットのビジョン、さらにグループのビジョンがあるということです。

　後は、個人と組織の行動の規範として『心と行動のガイドライン』8項目、『組織のガイドライン』6項目にまとめてあるんですが、これをきちんと実践できているかを、360度でメンバー同士やメンバーとグループ長の間で評価し合うということを半期ごとに実施しています。とくに弊社の場合は、『この骨格の考え方ができていない人は昇格させません』という考え方をしています」

担当業務とビジョンのつながりを実感

――ビジョンを浸透させるための具体的な工夫は何ですか？
田中「まずは、全社総会を月に1回やっているんですが、その初めに必ず井上（高志社長）が、『ビジョンシェアリング』という場を設けて、そこで10分程度、ビジョンにつながるような話をしています。

　また、1年に1回、必ず全社員が受ける『ネクストテスト』というの

がありまして、その中にこの経営理念や『心と行動のガイドライン』を覚えて、一言一句間違えずに書けるかというのを試されるものがあります。

　テストにはそれ以外にも事業部の実績や、ビジネスモデルの話も含まれますが、点数の配分が一番多いのが、理念とガイドラインの2つですね」

鈴木「また、中途採用、新卒も入社して半年までの間に、『ビジョンカレッジ』という研修があって、そこで半日かけて、井上が、『ネクストにおけるビジョンはこういうもの、それを体現するとはこういうことなんだよ』ということを刷り込むみたいな場を設けています。

　後は、ビジョンに関連したテーマについて語るコンパとか、組織改編後に改めて各階層でブレイクダウンしたビジョンを検討したりしています」

最終ゴールを共有することが大切

——中途採用だと社風に違和感を感じることがありますよね？

田中「そうですね。テストとか、『ビジョンカードを日々携帯してね』とか言われること自体が最初はすごく嫌でした」

——どこから変わったんですか？

田中「この文化に共感を覚えるようになったのは、2010年あたりに、それまで右肩上がりだった業績が一時足踏み状態になったことや、『HOME'S』で大幅なサイトリニューアルがあったりなど、会社として大きな節目があったときです。その時期は会社全体で、『いまは売上の伸びが停滞しているけど、ユーザーにこういうサービスを提供したい』と、みんなで最終ゴールを共有する場を持つことを非常に意識していました。それによって、しばらくの間は苦しくても、これを乗り越えてがんばろうという人が多いことを実感しました」

——このビジョンプロジェクトを通して、部門や階層や世代を超えてのコミュニケーションを促し、話合いをしていく中で新たな発見が行なわ

れると？

鈴木「そうですね。それに表彰システムの中で、『ガイドライン大賞』というものがあって、普段目立たないんだけど、実はこんなところですごくこだわってやっているというプロジェクトや人が表彰される機会もあるんです。

　それを見ていると、途中から入ってきたり、いまいちまだビジョンに対してピンときていない人でも、やはりいいものなんだなと理解していくんだと思います。

　経営理念を浸透させるうえで大事なのは、それについて考える機会をたくさんつくることだと思います。ありとあらゆるところで、ビジョンが骨格になっているということが、やはり一番重要だと思います」

04 164人中56人が辞めて気づいた「誰とやるか」の重要性

「売上を上げればいい」から「他人の喜ぶ顔を増やしていくビジネス」へと考えを変え、『利他道精神』をつくっています。

■ユメ（ノ）ソラホールディングス株式会社
吉田博高 代表取締役CEO、黒田祥平 代表取締役COO

本　　社	千葉県市川市
事業内容	漫画、玩具、個人出版物、キャラクターグッズの販売・通信販売、漫画の企画・編集、キャラクターグッズの制作
業　　績	（グループ連結）売上高200億円、経常利益5億円、経常利益率2.5％
従業員数	社員203人、アルバイト1167人
社長略歴	（吉田氏）東京都世田谷区出身。法政大学キャリアデザイン学部卒業、法政大学大学院イノベーション・マネジメント専攻卒業。1988年工業高校卒業後、ソフマップ秋葉原店に勤務。94年虎の穴創業、96年法人化、2003年株式会社化、13年ホールディングス化し、今年で「虎の穴」創業20年。44歳。 （黒田氏）広島県出身。2001年株式会社虎の穴に入社。2004年広島店・仙台店店長、2008年財務担当役員、2012年取締役COOを経て、2013年ユメ（ノ）ソラホールディングス株式会社設立時に、グループ代表取締役COO、株式会社虎の穴代表取締役社長に就任。現職。37歳。

| 社是

利他道精神

| ビジョン

クリエイターのファミリーになる

| ミッション

この星に生きる全ての人に、創造と発信の場を提供し、人類の幸せに貢献する

| 大切にする価値観

自分の良心に従って行動しよう—誠実
成功におごらず、失敗から学べる人になろう—謙虚
思うだけでなく「ありがとう」と声に出そう—感謝
上下関係なく困っている仲間に手を差し出そう—愛情
逆境をチャンスととらえ、挑戦を楽しもう—胆力
立場にとらわれず、まず自分から行動しよう—責任感
物事の良い面に目を向けて、笑って生きよう—積極性

根本となるのは「利他道精神」

——いまの経営理念をつくろうと思ったきっかけは何だったんですか？
吉田「会社案内をつくるときに、『お客様からのイメージもあるから、理念もつくらなくちゃいけないだろう』と、そういうレベルでしたね」
——経営理念をつくって気づいたことは何ですか？
黒田「年間収益の中では個人出版物の売上高比率が大きいのですが、それらをつくっているのはクリエイターさんで、そういった方々に長年の取引を通じて支えられているところがわれわれの強みであると、改めて認識しました。『もっとクリエイターさんに寄り添う会社として全社を

挙げて努力すべき』ということに気づきました」
――経営理念はどのようにつくったのですか？
吉田「一番最初に社是である『利他道精神』というのをつくりました。稲盛（和夫）さんの本から取り入れた言葉です。それまでは『売上高を上げればいい、売れる作品があればいい』という考えでしたが、『なぜ俺たちは飯が食えてたんだろうか？』とか『どうしてお客様にウチに来ていただいてるんだろうか？』ということを考えたときに、他人の喜ぶ顔を増やしていくビジネスをしていかないとダメだろうなと」

理念をもとに判断する習慣をつける

――経営理念と業績の関係をどう思われますか？
吉田「僕の経験からすると、成長戦略をとっていくときに、大企業病になったりする例が多いように思いますが、そのときにやはり、経営理念があると引っ張ってくれそうな感じがしますね」
――経営理念は社員が何人くらいになったら必要だと思いますか？
吉田「振り返ってみると、創業の頃からつくるべきではなかったかと思います。自分が一番と思っている人たちと仕事をしていくことは、あまりいい結果を生み出さないですね。やはり、考えていることは次第にズレてくるので、仲違いすることもあります。
　理念という方向性を打ち立て、その方向性に共感できると言ってくれる人と立ち上げていったほうがいいと思いますね」
――浸透させるうえで、具体的な行動はどんなふうにされているのでしょうか？
黒田「朝礼などで、パートナー（アルバイト）も含めて全員で唱和しています。1日1回で3分くらいですね。ビジョン、ミッション、社是、大切にする価値観を唱和しています。
　後はミーティングや何かしらの判断をするときに、みんなが意識して『それって利他道精神に反するんじゃないか？』とか、理念をもとに判断するようにしています。一部にようやく浸透し始めているところです

ね。また、社員全員に理念を書いたカードを配っています」

――浸透させるうえで、苦労していることはありますか？

黒田「自己の利を考えるよりは他人の利を優先するということを、行動や判断でやっていけるかどうかがむずかしいですね。浸透させる工夫としては人事評価内の行動評価の中に入れてます」

――それはどのくらいの比率ですか？

黒田「管理職と一般職で変わるので、管理職の場合は業績が７割で３割が行動評価。逆に、一般職の場合は業績は３割で７割が行動評価。だから、より一般職に近い人に浸透させていきたいと考えています」

――最後に若い人へのメッセージをひと言お願いします。

吉田「理念は創業の時点でつくっておくと、自分たちが何のために仕事をしてるのかということが理解でき、そこで働く人たちがより『お金だけじゃない対価』を理解して育っていきます。経営理念を大切にする価値観を含めて、つくっていくのがいいんじゃないかと思います」

05 貢献なくして利益なし、利益なくして継続なし、継続なくして貢献なし

まず働くことを楽しむということ。そのことが経営理念以前に必要です。

■ eBASE 株式会社　常包浩司(つねかね) 社長

本　　　社	大阪市北区
事業内容	食品業界などの業種に特化した商品データベースシステムの開発販売
業　　　績	売上高（連結）27億8000万円（単体）11億4000万円、経常利益（連結）5億1000万円（単体）3億5000万円、経常利益率（連結）18%（単体）経常利益率31%（2014年3月期）
従業員数	450人（連結、2015年1月末現在）
社長略歴	旧国鉄職員の父親と教員の母親の家庭に生まれる。慶應義塾大学工学部を卒業後、プリマハムに入社。凸版印刷を経て2001年10月に独立創業し、現在のeBASEシステムを開発販売。2006年12月大阪証券取引所ヘラクレス市場上場を果たす（現在は東証ジャスダック）。関連子会社にeBASE-NeXT株式会社とeBASE-PLUS株式会社を持つ。社長歴13年。香川県出身。57歳。

■ 経営理念

貢献なくして利益なし
利益なくして継続なし
継続なくして貢献なし

社会貢献できる事業でないと、利益を得る事はできない。
利益を得られる事業でないと、継続する事はできない。
継続できる事業でないと、社会貢献にはならない。

いつも熱く語ることが浸透のカギ

——経営理念をつくったきっかけは何だったのでしょうか？

「トッパンフォームズの社長と会長を歴任された福田泰弘監査役と、当時シャープの高森浩一常務のお二人と仲がよいのですが、あるとき私と3人で会合している際に、お二人が『会社の理念って大事だね』と話すのを横で聴いていて、企業にとって経営理念は大事であることを痛感しました。そのとき一瞬でぱっと浮かんだ言葉を翌日まとめたんです」

——経営理念を浸透させる工夫、苦労を具体的に言うと？

「いつも熱く語ることが、浸透させることにつながると思います。それは毎週の会議の中で、また営業拠点のある東京では、テレビ会議によって行なっています。営業スタイルや考え方、意思決定の中にこの『経営理念』のエッセンスが含まれているんですね」

——新卒や中途採用の社員に対して意識して伝えていることはありますか？

「理念以前の問題かもしれませんが、まず働くことを楽しむということ。そのためには、幸せじゃないといけないということを伝えています。

そのためには幸せに関する絶対尺度を持つこと。たとえば、自分や家族の健康が90点として、この90点さえ持っていれば、仕事がどうなろうが会社が倒産しようが、一生懸命に働いて500万～600万円稼いでくることができるなら、家族を養っていける。この『90点の価値観』を持ちなさいということ。

たとえば、何かのトラブルでお客様からクレームがあって落ち込んでいて、その直後に子どもが交通事故に遭ったとする。そうしたら、お客

様とのトラブルのほうは、自分の中の問題としては一気に小さくなるでしょう。物事を相対尺度でしか考えられないのが人間なんです。絶対尺度は感覚的には持てないから、普段から絶対尺度をつくっておきなさいと。

　家族と自分の健康があったら90点。飯を食うだけの給料、そこも具体的に決めて、500万円あったら95点。そう思えれば、いま悩んでいることは5点分の何かで悩んでいることがわかるでしょう」

見える手が届く範囲内を目標にする

——「利益なくして貢献なし」と理念にありますが、会社が得る利益はどのくらいが適切なのか、経済観という視点からはいかがでしょうか？

　「『利益』が大きいほど『貢献』していることになるとはいえ、過大な目標を据えても、それは重荷になります。それで『見える手が届くところの一番端ってどこですか？』と考えています」

——経営理念の満足度、浸透度は100点満点で何点でしょうか？

　「自画自賛ですが、正直言って私は100点だと思います。とにかく、すっと理念が浮かんできましたから。浸透度というところでいえば、私自身の評価では20点ぐらいです。理念をわかってくださった人が、さらにまた浸透の努力をしてくださっています。これからも理念浸透の努力を重ね、貢献のための利益追求に取り組んでいきます」

06 自分の持つ価値観を言語化したものが経営理念になった

社員が20人を超えたときに、「どういうことがしたいのか？」をはっきり言葉にしたかったのです。

■ 株式会社フォーデジット　蛭田正司 社長

本　　　社	東京都渋谷区
事業内容	WEBサイトのコンサルティング、制作、運営など
業　　　績	売上高10億円、経常利益1億円、経常利益率10%
従業員数	130人
社長略歴	大学卒業後、東京エレクトロン、リクルートコスモスにて営業を経験。36歳の頃、知り合いの社長が新しい事業を始めるにあたり、その手伝いを3〜4年して独立。今期で14期目。大阪市出身。53歳。

■ 経営理念

identity　関わる人すべての幸せを追求する
mission　仕事を通じて成長する
rule　　　1. きれいな言葉を使う。
　　　　　2. 楽しくやる。
　　　　　3. 仲間を大切にする。
　　　　　4. お客様に喜んでもらう。
　　　　　5. 良心に基づき行動する。
　　　　　6. スピードを重視する。
　　　　　7. 自分で動く。
　　　　　8. 仕事を全力でやりきる。

自分の持つ価値観を言語化

――経営理念をつくるきっかけは何だったのですか？

「最初の事務所から次の事務所に移るときに社員が増えてきて、20人超えたくらいの時期に『どういうことがしたいのか？』とか、経営方針のようなものをはっきり言葉にしたほうがいいと思いました。僕は現実的な部分から対応していくタイプで、理念先行型ではないので、周りの要請も多少あったような気がします」

――経営理念をつくるうえで気づいたことはありましたか？

「本質的に『自分は何を求めているのか？』とか、『こういうことをやりたいんだ』ということと、経営理念はかなり近いですね。

自分の持つ価値観を言語化したものが経営理念になったと言っていいですね。それで、そこの部分を周りにも求めているし、そういう価値観に納得できる人が周りに集まってくるんだなと思いました」

根源的な内容を盛り込む

――経営理念はいつ頃つくられたのですか？

「創業2～3年目で、第1次の経営理念をつくりました。その後、8年目になって第1次のものをまとめ直しました。

最初は社員が20人程度に増えたとき、2回目は規模が急に拡張して社員が50人、60人を超えたときです。人数と事業の拡大に応じてという感じです」

――経営理念はどこで誰がつくったんですか？

「1回目も2回目も、基本は私が8割つくりました。それから修正したり、言い回しを変えたりの最後の調整を2～3人に手伝ってもらいましたね。

2回目の改定のときは外部のライターに依頼することも考えたんですが、しっくりこなかったんで結局、自分でつくりました。言葉は拙いけ

ども、自分の中ではきれいな言葉じゃなくてもいいかなとは思います」
――経営理念にはどんな内容を入れたのですか？

「基本は、『何を何のためにやるか？』という目的の部分と、具体的な事業の以前に『何がしたくて、何をしたくないのか？』みたいなことを入れようと思いました。内容的には、感覚的、道徳的というか、自分が根源的に大切だと思っていることになりました」

課題はこれからの浸透

――経営理念を浸透させる工夫、苦労という部分については？

「その点については、まだまだ弱いですね。たいしてできていないです。分社化したので、全社員が集まる機会は年に2回くらいなんですが、そのときに30分くらい話をするようにしています」

――個人の価値観と経営理念をどう結びつけるのかをお聞きしたいんですが。

「教科書的な答えかもしれないですけど、その2つはもともと近くないとダメだと思います。採用の面接のときも、経営理念という問い方では聞きませんが、理念と同じような感覚や判断基軸があるかということは確認しますし、『こういう考え方でやってるよ』という話はします」

――経営理念の満足度、浸透度は100点満点で何点でしょうか？

「自分では納得しているものができていて、満足度は100点です。浸透の点数はまだまだだと思います。とくに、新しい人や若い人に浸透させていくことに課題を感じています」

07 お客様と社員が一緒に「夢と感動」に向かっていきたい

お客様から「ありがとう」と言われたことがうれしかった経験が経営理念のもとになっています。

■ DIグループ（株式会社大一不動産、大一建設株式会社、株式会社DI・SANWA CORPORATION）小板橋博幸 社長

本　　社	栃木県大田原市
事業内容	一般建設（店舗、医療施設、賃貸マンション・アパート）、注文住宅、中古住宅売買、リフォームおよび賃貸マンション・アパートへの入居者募集・管理や生命保険の見直しほか
業　　績	売上高45億円、経常利益2億円、経常利益率4.4%
従業員数	約75人
社長略歴	東京の大学を卒業後、銀行で5年間勤務し、融資や融資外交に携わる。93年に妻の父の後を継ぐ形で不動産業を始め、M&Aを経て、現在3つの会社の代表取締役を務める。群馬県高崎市出身。小学校入学から大学卒業までは東京で暮らす。51歳。

■ 経営理念

～夢の実現と感動の共有～
一、私たちは住環境創造を通じて社員一人ひとりの夢の実現と震えるような感動を共有できる企業を築こう
一、私たちはお客様第一主義を貫き地域社会の繁栄に貢献することで企業の社会的責任を果そう
一、私たちは3つのC（change、challenge、communication）を実践することで一日一生の決心で生き抜こう

経営理念が自分の分身に

——経営理念をつくったきっかけを教えていただけますか？

「銀行に勤めていたとき、『3つのS』という標語がありまして、それをもじって3つの何かをつくりたいと思ったことがきっかけです。私は、銀行みたいな不動産建設業をしようと考えたんです。個人の考えで動く三和銀行（当時）に思い入れがあって」

——経営理念は必要だと思いますか？

「なければならないものだと思っています。最初の頃は自分の思いを伝えるものと認識していたんですが、いまはお客様に『ウチの会社はこういう経営理念で、私もこれに感銘して仕事をしてます』と言う社員もいます。自分の分身をつくっているイメージです」

社内レクリエーションを毎月実施

——経営理念と業績の関係は？

「理念のお蔭で部署を超えて協力し合えるようになったことで、確実に伸びています。1つの例でいうと、たとえば賃貸の窓口にはハイシーズンというのがあり、このときはお客様が集中するんですが、それを賃貸の人間だけではなく会社全員でやってくれるんです。

いままでも手伝う人間はいましたが、毎日理念を唱和してきたことや、チーム活動であると常に言い続けた結果、一番そういうことを考えていなかったような人が、自分から『手伝おうか』と声をかけるようになっています」

——経営理念を浸透させる工夫を具体的にいうと？

「M&Aをする前から続けてやっているのが、毎月の社内レクリエーションです。内容はスポーツで、たとえば体育館でバドミントンを半日集まってやっていて、もう14〜15年になります。

みんなアトランダムにチームをつくり、部門を超えてやるので初めて会う人もいるんです。普段は職場が隣町にあったりするので、そこで会

うことで非常に効果は高いです。

　後は、毎朝朝礼時に理念を唱和しています。月曜日の朝礼は私の講話の時間と決めていて、1時間ほどから半日するときもあります。これも15〜16年続けています。

　講話をしながら、後は質問や会話をして、前の週に自分が考えていたことや経験したことの中で、どういうことが考えられるか、こんなときどう考えるのかというのを1人ひとりに言わせます。合わせて自分の考えも伝えます」

時には"飲みニケーション"も活用

——個人の価値観と経営理念の関係は？

　「経営理念をそれまで気にしていなかったようなタイプはいます。基本的には、そういう人間に重要な仕事をわざと渡します。確実につらくなる瞬間まで持っていくんです。1人じゃできないということをわからせたいので。そして、『ちょっと飲み行くか』と言って、"飲みニケーション"をとります。

——「これから続く経営者に何かメッセージを」と言われたら？

　「自分は、自分と同じ方向に向けるという意味では、経営理念のもとで会社をやっています。中小企業の場合は、1人で何割も占めてしまうような仕事もあります。そういう中では、経営理念が浸透したときに、自分のフォロー役にもなってくれますし、お守りになると思います」

08 「何のために生きるのか？」の答えが「成長と貢献」

従業員は社長に人生をかけて会社に集まってきています。それに応えることが大切です。

gCストーリー株式会社　西坂勇人 社長

本　　社	東京都江東区
事業内容	全国展開を行なう大手チェーン本部、メーカー向けに屋外広告物（看板）に関して、デザイン、製作、施工、メンテナンス、コンプライアンス対策といったトータルソリューションを提供。その他、介護（高齢者福祉）事業、ヘルスサポート（企業向け給食）事業を展開
業　　績	売上高30億円、経常利益3億円、経常利益率10%
従業員数	60人
社長略歴	宮城教育大学卒業後、看板業界の材料を販売する商社に勤務し、2000年に「看板ナビ」を運営するインターネットベンチャー、有限会社リスペクト（現・株式会社リスペクト）を仙台市で創業。経営者歴は14年で、現在の会社は創業9期目。大分県出身。43歳。

経営理念

全従業員が幸福で調和し、取引パートナー・顧客に感謝される存在であり、人類社会の調和に貢献すること。

大切にしている考え方

成長と貢献（growth for Contribution：貢献のための成長）

「成長と貢献」を明確に

——経営理念をつくるきっかけは？

「盛和塾に入ったことですね。まるで、僕が悩んでいたことの答えを全部言ってくれているような話を塾長である稲盛氏から聞いて、それを何回も聞いているうちに、『僕のためにしゃべってるんじゃないかな』と思ったくらいです（笑）」

——印象に残ったキーワードは？

「『何のために生きるのか？』ですね。経営者の覚悟などを説き明かされて、『いままでの苦労はそういうことだったんだ』という受け止め方をしました。話が完成されていて、全部つながっているというか……」

——『京セラフィロソフィ』の項目に沿いながらつくられているところはあると思いますが、どんなつくり方だったんですか？

「入塾してすぐ理念をつくり、社員には最初、『京セラフィロソフィ』を渡しましたが、社員からすると、社長の言葉が聞きたいということもあると思うし、自社でつくらなければいけないと思って。1年間ぐらいは、出勤時に『京セラフィロソフィ』を稲盛氏が解説しているCDを聞いて考えて、その中から自分にとって大切だと思うことと、僕自身が独自で大切だと考えている言葉をまとめました。結局、塾長が書いていることが7〜8割ぐらいで、それに僕の思うことを加えた感じです」

浸透させるためのさまざまな工夫

——経営理念を浸透させる工夫、苦労を具体的に言うと？

「懇親会（以下コンパ）とgC guide（以下ガイド）、評価制度です。弊社の評価はガイド（人格）の項目のみをベースとした360度全人格多面評価という形で実施しています。さらにフィロソフィ手帳（ガイド）をつくった半年後に、プログラムを組んでアメーバ経営（管理会計手法）を導入しました。当時、社員数も30人くらいで、意思統一も図りやすいタイミングだと思ったんです。

フィロソフィ手帳（ガイド）は自分でつくって、アメーバ経営に関しては『アメーバゼミナール』に行きました。塾長も『経営は心の問題によって決まる』とおっしゃっていますので、そこをきちんと考えれば自分でも導入はできると思ったんですが、アメーバ経営自体が浸透しきるには5年はかかると思い、ゼミナールで学ぶことでその速度を上げられると考え、参加を決定しています。アメーバ経営とガイドがセットになって、理念浸透を促進しています。
　評価によって決まるグレードは、入門者、錬士、範士、師範代、最高師範の5つで、上位になるほど、『人類社会を良くしようと考える』というように成長と貢献を世の中に広げる立場であり、合わせて人格が高いことを意味します。それを決めるのがガイドの項目となっています」
——たとえば、入門者1人に対して、月に何回くらいコンパをやっていますか？
「入門者は、部署で月に1回は必ずやっています。僕との研修は、1年目はガイドの内容で、毎月4時間やっています。コンパも評価制度もこのgCガイドをもとに行なわれていて、価値基準となる単語がここに集約されています。
——360度全人格多面評価は、具体的にはどうやるんですか？
「上のランク2人、同期の2人、下の2人が、業績ではなくガイドによる人格のみの項目に対して何点、と点数をつけて、この平均点で格づけが変動し、給料が決まります」
——これから続く経営者に何かメッセージを。
「従業員は社長に人生をかけて会社に集まっているので、そこにちゃんと応えないといけない。社長になることが目的ではなく、社員やお客様、そこに関わる人たちを幸せにすることが目的だと考えています」

09 創業初期からの思いは「より多くの人を幸せにしたい」

友人と始めた会社だから、会社の目標・目的をしっかり定めて、将来もずっと一緒にやっていきたい……。

株式会社オロ　川田篤 社長

本　　社	東京都目黒区
事業内容	大企業を対象にしたインターネットマーケティングの戦略立案、構築、運用支援と、中小の成長企業へのクラウドERP、統合業務システムの提供
業　　績	売上高24億円、経常利益2億4000万円、経常利益率10％（毎年20％の継続的な成長を目指す）
従業員数	300人（海外拠点を含む）
社長略歴	経営者を多く輩出した家系に育つ。東京工業大学工学部卒業後、99年、有限会社オロ設立、代表取締役社長就任。2000年株式会社へ組織変更。創業18期目、北海道出身。41歳。

経営理念

社員全員が世界に誇れる物（組織・製品・サービス）を創造し、より多くの人々（同僚・家族・取引先・株主・社会）に対してより多くの「幸せ・喜び」を提供する企業となる。
そのための努力を通じて社員全員の自己実現を達成する。

より多くの人を幸せにしたい

――経営理念をつくるきっかけは？

「経営理念をつくるべきだというのは、成功した経営者の本で気づきました。私は友人と会社を始めたので、将来、仲違いしないようにするために、会社の目標・目的をしっかり定めて、その目標・目的に合意してがんばろうということで、それがきっかけだと思います」

――理念は誰がつくったんですか?

「当時のコアメンバー4〜5人の話を聞いて、私がまとめてつくりました。単純に『将来どういうことをやりたいのか?』『この会社で何が達成できれば人生として悔いがないのか?』をメンバーに聞いて、それがうまくまとまるように組み合わせてつくりました。言葉自体は私がつくりましたけど、意味はそれぞれのメンバーの意向を汲んでいます」

ミーティングの資料は経営理念からスタート

――経営理念を浸透させる工夫をお聞かせください。

「基本的に全社員向けのミーティングの冒頭には必ず、私の口からゴールの部分について話をしています。

ミーティング全体の中でいうと短い時間ですが、私がつくる資料の1ページ目は毎回必ず経営理念からスタートします。全社員に話すミーティングは年に2〜3回あります。

――朝礼や定期的な勉強会などを開催していますか?

「拠点ごとにまとまって、朝礼で基本活動指針を交替で読み上げるということをしています。毎朝1人が1項目を読み上げて、それに関わることをコメントします。これは海外でも行なっています」

――経営理念の完成度合、満足度の点数と浸透度の点数は?

「満足度、浸透度ともに90点を超えていると思います。それが守られているかというのは別ですが、ミーティングで話をすることで耳にする機会が増え、意識を向けるきっかけにもなっていると思います。

中途採用も含めて、新しく入ってくるメンバーがたくさんいるので、浸透には時間がかかりますが、長く在職すれば浸透していくので焦ってはいません」

――これから先経営者を目指す人に「何かメッセージを」と言われたら何と答えますか？

「『思いは実現する』という思いの強さがすごく大事だと思います。経営者にとって『自分たちの会社をどうしたいのか？』を考えることは一番大切です。強く思い続けるからこそ、本当にそのとおりになる確率が高いわけですよね。

私はこれからも、成長を続けていきたいと強く思い、そのための努力をしていきます。経営理念を達成するためには、自分がそれを思い続けて、みんなをリードできる側にいなきゃいけないと思います」

10 何のために仕事をするのか、会社の大きな目的を知る

「人を採用しても辞める」の繰り返しから10年、経営理念をつくり上げ、業績が非常に伸びています。

株式会社ランドネット　榮 章博(さかえ) 社長

本　　社	東京都豊島区
事業内容	不動産の売買・売買仲介・賃貸仲介の不動産流通事業、賃貸・賃貸管理事業、リフォーム・リノベーション事業、建築事業
業　　績	売上高30億8000万円、経常利益3億4000万円、経常利益率11%
従業員数	181人
社長略歴	大阪府出身。両親は奄美大島出身。中央大学法学部卒業後、某大手不動産会社にて株式公開事務・システム開発・営業に携わり、後に退職。1999年に株式会社ランドネットを創業。15年間で業績を大幅に伸ばし、現在に至る。54歳。

経営理念

全従業員の心物両面の幸福を追求すると同時に、人類・社会の進歩発展、並びに地球環境の保全維持に貢献する。

企業目標

不動産流通業を革新するNo. 1企業

企業理念

不動産の売買・賃貸・リフォームに関し、その購入と売却・再生と運用という視点から、お客様に様々なアイデアを提案し、お客様の

ライフプランを豊かに実現するサービス（プライベートリアルター）

■「採用しても辞める」が続く

——経営理念をつくるきっかけは？

「2006年頃から何年間も社員数が30人くらいで、『人を採用しても辞める』の繰り返しでした。30人からなかなか社員数が増えない。そんなとき、縁あって盛和塾に入塾して、京セラの経営哲学に出合いました。そこで初めて経営理念なるものを知りました」

——経営理念をつくる中で気づかれたことはありますか？

「ビジネスは『利潤の追求』だけではない。もっと真っ当にビジネスを考えていいと知りました。つまり2つの目標、全従業員の心物両面の幸福の追求と、企業の社会貢献が車の両輪なのだということです」

■物の豊かさより「こころ」が重要

——経営理念をつくるうえでの工夫は？

「京セラの経営理念をほとんどそのまま使用しています。あまり工夫はしていません。ただ、2点変えています。

1つは、物心両面の幸福の追求ではなく、心物両面と変えています。現代の日本は、物は豊かです。そこで人が行動する動機として『こころ』、つまり『遣り甲斐』が重要と考えて『心』を前に置きました。

もう1つは、地球環境の保全維持を追加しました。もちろん、人類だけではなく「地球」「自然」に対する配慮がいまは必要と考えたからです」

——経営理念を浸透させる苦労はありましたか？

「『企業理念と社訓を毎朝みんなで唱和する』と言うと、総務課長が辞め、女性社員が貧血で倒れて辞め、『なぜ口パクなの？』と叱った社員も辞めました。これは大変ショックでした。でも、逆説的ですけど、『人はお金だけでは動かない』ことがわかりました。そこで最初から経営理

念を掲げて、それに賛同して応募してきた人を総務課長として採用しました。

これはうまくいきました。そして、この総務課長と一緒に経営理念を前提として新卒や中途の社員を採用しました」

多くの人を引っ張っていくには「旗」が必要

——経営理念を浸透させるにあたり、どんな工夫をしていますか？

「朝会での経営理念などの唱和が5分くらい。その後、経営理念の勉強会を9時30分から9時50分まで毎朝20分やっています。稲盛塾長の『生き方』や『京セラフィロソフィ』のテキストの輪読会で2010年1月にスタートして、全員で行なうようになってから4年くらいになります。稲盛塾長のテキスト以外ではドラッカーの『経営者の条件』、他に『7つの習慣』などを選んで学習しています」

——その他に経営理念を浸透させるための活動はありますか？

「経営会議でも、幹部会議でも、役員会議でも、意思決定のときに『京セラフィロソフィ』の話をします。経営理念に照らせばどう判断するか？ それぞれの判断を聞きます。

幹部会議はマネージャー以上の20～30人くらいで朝10時から1～2時間くらい週に1回で、開いています。その他は、時間を節約するためにランチミーティングを結構頻繁にやります」

——経営理念をつくろうと考えている経営者にメッセージを。

「会社を大きくしたい、発展させたいと考えたときに、経営理念が必要と考えます。多くの人を束ね、1つの方向に引っ張っていくためには『旗』が必要です。

人は『お金』が必要ですが、お金だけでは動かない。大義名分があったとき、真の能力を発揮すると考えます。経営理念は必須条件です」

11 創業時には経営理念の必要性を感じなかったが……

私が目指したい経営には、絶対に一本筋の通った経営理念が必要でした。

■ 株式会社トレジャーファクトリー　野坂英吾 社長

本　　　社	東京都足立区
事業内容	中古品小売業。衣類、家電、家具、雑貨等の総合リサイクル店を展開（関東1都4県が地盤、関西へも出店を開始）
業　　　績	売上高91億円、経常利益7億3000万円、経常利益率8％
従業員数	380人
社長略歴	神奈川県で生まれ、10歳までシンガポール在住。リトルリーグ、シニアリーグ、高校野球と野球に打ち込む。父親を超えるため、社長になることを目標にして大学在学中に創業。1995年足立区にトレジャーファクトリー第1号店を開店。2007年12月東証マザーズに上場。2014年12月東証一部へ市場変更。42歳。

■ 経営理念

トレジャーファクトリーは人々に喜び、発見、感動を提供します。

会社の発展が自分の成長につながる

――事業を始めるに際して経営理念はお持ちでしたか？

「創業時はメンバー全員と日々直接話せましたので、必要性を感じませんでしたが、創業4年目になって初めて経営理念をつくりました。それ以外にも、『トレジャーポリシー』『トレジャープロミス』というもの

をいまから約11年前につくりました」

——経営理念を浸透させる工夫、苦労を具体的に言うと？

「いまから8年前に東証マザーズに上場したときには、スタッフも80人とかなり増えていました。それで、上場した達成感で方向性を間違えないように、スタッフを次のステージに導くための手帳をつくりました。手帳の中の4ページに経営理念から導かれるプロミスとポリシー、約束と行動指針の基準を載せました」

——それを社員の皆さんとはどのように共有しているのでしょうか？

「年1回内容を討議します。新人スタッフの入社時には研修で手帳を使います。ここ最近は、新卒と中途を合わせて年間70人ほどが入社して、人数が増えています。新卒に対しては4月1日の入社式の午後から6時間、理念について私が話します」

——中途採用の方はどうするのでしょうか？

「中途採用者は入社時に研修の中で1時間、3か月後にフォローアップ研修をやり、1時間半のプログラムで理念の理解度を深めてもらいます。また、毎週月曜日に本社で行なう朝礼の内容をまとめたものを全社に発信します。そして今期はとくに、中堅クラスへの再教育課程では計10回にわたって、1回14人ずつぐらい140人に対して理念研修を行ないました。その1か月の間に私が1回の会合で3時間ずつ、トータル10回話しました。その後の懇親会の席でも、経営理念の背景と根底にある考え方、大事にしてほしい事柄、それをしっかり伝えています」

——社長がトップダウンのカリスマタイプではなく、意見を吸い上げて模範を示しながら率先するタイプだということもよくわかりました。

「『トレジャーファクトリーは人々に喜び、発見、感動を提供します』とある理念は、顧客だけではなく、働く人たちの考え方も含まれていますし、会社の発展は自分が成長していくことにあるということなんです。つまり、自分が成長するためにどうすればいいかというと、人間は周りの人から多大な影響を受けるから、周りにも成長してもらう、会社を伸ばす。そして、結果的にはそれが自分に還元され、自己の成長につながっていくのです」

12 経営理念と4つのスタイルで10期連続増収増益

社員が増えると会社の価値観とのズレを正すことがむずかしくなるので、経営理念をはっきりさせる努力が必要。

■ ティーペック株式会社　砂原健市 社長

本　　社	東京都千代田区
事業内容	24時間年中無休の電話健康相談サービスの提供、メンタルヘルス従業員支援プログラム（EAP）、セカンドオピニオン手配紹介サービス、糖尿病専門医紹介サービス、軽度認知障害スクリーニングテストの販売など
業　　績	売上高35億6200万円、経常利益3億2700万円、経常利益率9.1%
従業員数	社員204人、相談スタッフ364人
社長略歴	東京都台東区浅草生まれ。代々個人事業を営む家庭に育つ。大学時代に起業後、23歳で保険代理店業を成功させる。その経験を現在の事業に活かし、10期連続増収増益。経営歴25年。64歳。

■ 経営理念

ティーペックは
「誠の幸福とは心身ともに健康な生涯を送ることにある。」
と考え、その生涯づくりに貢献いたします

会社の発展が自分の成長につながる

――経営理念をつくるうえでの工夫、苦労は？

「私は自分の信念のもとに経営理念をつくり、それを中心に4つのス

タイルを打ち出してみたんです。

内容としては『スタイル１　公平な評価のティーペック』『スタイル２　風通しのよいティーペック』『スタイル３　前向きで建設的なティーペック』『スタイル４　社員は宝だ、ティーペック』とあります。

それぞれのスタイルのプロパティには４つ項目がありますが、こうした理論的ともいえる体系を１年間かけて作成しました。この方法論に基づいて経営理念と４つのスタイルで中期経営５年計画を立てた結果、現在の10期連続増収増益という成果につながりました」

会社の成長を人の成長につなげる

――理念を浸透させるときの苦労はありましたか？

「経営理念を貼り出して、月に１回、全体朝礼や部門朝礼のときに活用していますし、会社では経営理念、つまりクレドカードを全員に持たせています。新入社員が入社した場合や、中途の人が採用されて入った場合、説明会でカードの使用法をレクチャーします。すべての社員は定例会議で決められた毎月のテーマに基づき意識して働きます。たとえば、『私は感謝の言葉、ありがとうを惜しみません』と決まれば、全社がこの言葉を行動に反映させます。社内イントラネットに掲載され、会議で参加者に注解を求めます。こうして全社的に理念浸透を図っています」

――個人の価値観と経営理念の関係は？

「個人の価値観と会社の価値観、つまり経営理念とのズレを正すことは、人数が増えるとともにむずかしくなってくるので、経営理念や４つのスタイル、中期経営計画や年次計画を立てて、どこを目指しているかをはっきりさせる努力をしています。

ティーペックは９月が新年度なんですが、９月の第１金曜日は社内の３本部合同で丸１日、管理本部長、営業本部長、サービス業務本部長が中心となり、各本部の１年間の計画と基本方針、全体の中期経営計画などの発表会をやっています」

――経営理念の満足度、浸透度は100点満点で何点でしょうか？

「私たちティーペックは、お客様とともにこれからも成長します。ですから、現時点の経営理念の完成度は85点です。しかし、その浸透度は100点、100％ですね。会社の経営理念は、社員みんなが大好きで気に入っています。1つになれる共通の目標がみんなで共有できたというところが強いのでしょうね」

読者プレゼント

本書の第7章「経営理念はこうして生まれた」は、紙幅の都合上、割愛した部分があります。内容を圧縮する前の12社などの事例（PDFファイル）が、下記のホームページからダウンロードできます。

■**経営理念はこうして生まれた**
　（企業インタビュー）

いますぐ、インターネットからダウンロードできます！

```
フォスターワン                検索
     http://www.foster1.com/
```

**1600社以上の経営理念を
紹介したページはこちら！**

```
経営理念ドットコム
http://www.keieirinen.com/
```

※このPDFファイルの配布は予告なく終了する場合があります。ご了承ください

坂上 仁志（さかうえ ひとし）
株式会社フォスターワン代表取締役社長。弱者必勝のランチェスターNO.1戦略経営コンサルタント。早稲田大学講師（2011年）。
一橋大学卒、新日鐵、リクルートなどに勤務後、ゼロから人材派遣企業を立ち上げ、小規模ながら売上・利益・利益率で業界日本一の実績をつくる。
現在は、ランチェスターNO.1戦略の第一人者として活動。3000社以上の企業を見て、「いい会社をつくるには経営理念が絶対に必要」という信念を持つに至り、「理念と戦略」の専門家として中小企業のNO.1づくりを支援している。
著書に『日本一わかりやすい経営理念のつくり方』（中経出版）、『世界一やさしいイラスト図解版！ ランチェスターNo.1理論』（ダイヤモンド社）、『小さな会社こそがNO.1になるランチェスター経営戦略』（明日香出版社）などがある。

経営理念の考え方・つくり方

2015年3月20日　初版発行
2019年5月1日　第3刷発行

著　者　坂上仁志 ©H.Sakaue 2015
発行者　吉田啓二
発行所　株式会社日本実業出版社　東京都新宿区市谷本村町3-29 〒162-0845
　　　　　　　　　　　　　　　　　大阪市北区西天満6-8-1 〒530-0047
　　　　編集部 ☎03-3268-5651
　　　　営業部 ☎03-3268-5161　振　替　00170-1-25349
　　　　　　　　　　　　　　　　https://www.njg.co.jp/
　　　　　　　　　　　　　　　印刷／厚徳社　　製本／共栄社

この本の内容についてのお問合せは、書面かFAX（03-3268-0832）にてお願い致します。
落丁・乱丁本は、送料小社負担にて、お取り替え致します。

ISBN 978-4-534-05264-3　Printed in JAPAN

日本実業出版社の本

45社の成功事例をリアルに分析！
ランチェスター戦略「小さなNo.1」企業

福永雅文
定価 本体1500円（税別）

45社の豊富な事例をもとに、小さな会社でもNo.1になれる「実践的なランチェスター戦略」を、8つの視点【突破口】でリアルに解説。実際の成功企業で説明するため、リアリティがあり、わかりやすい！

この1冊ですべてわかる
経営戦略の基本

㈱日本総合研究所
経営戦略研究会
定価 本体1500円（税別）

古典的な戦略から新しい戦略まで、経営戦略の全体像、全社・事業戦略の策定と実施、戦略効果をさらに高めるノウハウまで網羅。初めて学ぶ人、基本をつかみきれていない人にもおすすめの一冊。

51の質問に答えるだけですぐできる
「事業計画書」のつくり方

原 尚美
定価 本体1600円（税別）

事業に必要なことに関する51の質問に答えるだけで、事業計画書がつくれる！　事例を挙げながらの説明で、必要な数字や計算書類の作成の仕方も紹介。事業計画書のフォーマットをダウンロード可能。

A4一枚から作成できる・PDCAで達成できる
経営計画の作り方・進め方

宮内健次
定価 本体1600円（税別）

経営ビジョン、経営目標など、経営計画の記載ポイントから、計画を立てた後の社員への浸透、具体的な進捗管理の方法までをわかりやすく解説。経営計画のフォーマットはダウンロードが可能。

定価変更の場合はご了承ください。